专创融合：职业学校创新人才培育理论与实务

徐自远　蔡妍娜　著

北京理工大学出版社
BEIJING INSTITUTE OF TECHNOLOGY PRESS

内 容 提 要

本书以职业学校创新人才培育为主题,从双创理念的内涵及现实意义、创新创业教育的概念及时代意义、创新创业人才培育实践现状与对策等多个方面进行了深入研究和探讨,并提供了多个双创教学活动案例分析。本书结构清晰,内容紧贴实际,旨在为职业教育的发展提供理论与实践的支持和参考。

本书可作为职业学校特别是高职高专院校"创新创业"系列课程的教学读本,也可供职业学校创新创业教育相关社会人士作为参考用书。

版权专有　侵权必究

图书在版编目（CIP）数据

专创融合：职业学校创新人才培育理论与实务／徐自远，蔡妍娜著 . －－北京：北京理工大学出版社，2023.5

ISBN 978－7－5763－2352－8

Ⅰ.①专… Ⅱ.①徐…②蔡… Ⅲ.①高等职业教育－人才培养－研究－中国 Ⅳ.①G718.5

中国国家版本馆 CIP 数据核字（2023）第 082073 号

出版发行 ／ 北京理工大学出版社有限责任公司
社　　址 ／ 北京市海淀区中关村南大街 5 号
邮　　编 ／ 100081
电　　话 ／ （010）68914775（总编室）
　　　　　　（010）82562903（教材售后服务热线）
　　　　　　（010）68944723（其他图书服务热线）
网　　址 ／ http：//www.bitpress.com.cn
经　　销 ／ 全国各地新华书店
印　　刷 ／ 北京虎彩文化传播有限公司
开　　本 ／ 710 毫米×1000 毫米　1/16
印　　张 ／ 11.75　　　　　　　　　　　　责任编辑 ／ 时京京
字　　数 ／ 160 千字　　　　　　　　　　　文案编辑 ／ 时京京
版　　次 ／ 2023 年 5 月第 1 版　2023 年 5 月第 1 次印刷　责任校对 ／ 周瑞红
定　　价 ／ 79.00 元　　　　　　　　　　　责任印制 ／ 施胜娟

图书出现印装质量问题,请拨打售后服务热线,本社负责调换

前 言

本书是一本关于职业学校创新人才培育方面的研究性著作,全书共分为五章,包含职业教育当前形势、创新创业教育理念、双创人才培养模式创新、实践案例等内容。

第一章是形势与诉求,主要介绍了双创理念的内涵及现实意义,以及创新创业教育的概念和时代意义等方面的内容。通过深入探讨,揭示了双创理念对于职业教育的重要性,为后续章节的分析奠定了基础。

第二章是困境与突破,旨在分析创新创业人才培育实践现状与对策。本章主要从创新创业教育存在的问题及成因、创新创业教育与专业教育的融合发展等方面进行了深入探讨,为后续的专创融合提供了重要的理论支撑。

第三章是机制建设,旨在探讨双创人才培育模式的创新。本章主要从职业学校双创教育的发展历程和趋势、职业学校双创教育的基本模式、产教融合创新视角下双创人才培养原则与策略等方面进行了深入探讨,为实现职业学校双创教育的可持续发展提供了思路和方法。

第四章是实践与案例,旨在以具体的实践案例为基础,探讨专创融合下的创新行业人才培养实例。本章共列举了三个案例,从夯实基础、培养兴趣、发展特长、因材施教、学科融合、科教融汇等方面进行了详细的介绍，为读者提供了可供借鉴的经验。

第五章是范例与启示，旨在介绍一些具有典型意义的成功案例，让读者从中获取启示，有所借鉴。本章共列举了四个范例，分别从无锡机电高等职业技术学校的双创教育纪实、源自生活的创意变现、让项目模拟的公司成真、用努力去强化人生砝码等方面进行了详细的介绍，为读者提供了更加具体、实用的经验和启示。

无锡机电高等职业技术学校通过建设创新创业实践中心、推进教育与产业融合、构建创新创业人才培养体系等多种方式，推动了双创教育的深入发展，成为职业教育领域的一面旗帜。源自生活的创意变现案例则着眼于学生创新创意的激发和实现，通过设计、制作、营销等环节，让学生真正地体验到创新创业的全过程。让项目模拟的公司成真案例则借助职业学校资源，让学生们通过模拟企业运作的方式，真正了解企业管理、市场营销等方面的知识，提升创新创业能力。用努力去强化人生砝码案例则注重学生综合素质的培养，通过开展体育运动、文艺活动、志愿服务等多种形式，培养学生创新创业的综合素质。

本书的编写离不开广大专家、学者、教师和学生的支持和帮助，在此特别感谢无锡机电高等职业技术学校领导对本书的出版所提供的大力支持和帮助。他们的经验和智慧对于本书的编写和完善起到了不可替代的作用。

本书力求探索职业学校创新人才培育的理论与实务，涵盖了从双创理念的内涵及现实意义、创新创业教育的概念及时代意义，到专创融合顺应新时代职业教育发展等多个方面，旨在为职业教育的发展提供理论与实践的支持和参考。同时，我们还列举了多个实例，为读者提供更加具体、实用的经验和启示。

我们希望本书能够成为职业学校特别是高职高专院校创新人才培育领域的一份参考资料，为职业教育事业的发展做出贡献。同时，也希望本书的读者能够在阅读过程中获得启发和启示，共同推动职业学校双创教育的发展。再次感谢所有为本书的编写提供支持的所有专家，特别感谢"江苏高校青蓝工程"项目对本书出版的资助。

目 录

第一章　形势与诉求：专创融合顺应新时代职业教育发展 ………… （1）

　　第一节　双创理念的内涵及现实意义 ………………………… （1）
　　第二节　创新创业教育的概念及时代意义 …………………… （7）
　　第三节　专创融合顺应新时代职业教育发展 ………………… （20）

第二章　困境与突破：创新创业人才培育实践现状与对策 ………… （24）

　　第一节　创新创业教育存在的问题及成因 …………………… （24）
　　第二节　创新创业教育与专业教育的融合发展 ……………… （35）

第三章　机制建设：双创人才培育模式创新 ………………………… （43）

　　第一节　职业学校双创教育的发展历程和趋势 ……………… （43）
　　第二节　职业学校双创教育的基本模式 ……………………… （51）
　　第三节　产教融合创新视角下双创人才培养原则与策略 ………… （52）
　　第四节　学校创新、创业双螺旋结构双创人才培养路径实践 …… （55）

第四章 实践与案例：专创融合下的创新行业人才培养实例………（66）

第一节 夯实基础，培养兴趣（1个案例："乐"玩Python，制作记谱电子琴——学科融合下的创意编程活动方案）……（66）

第二节 发展特长，因材施教（1个案例：设计制作我的3D虚拟展厅——三维建模与虚拟现实技术体验活动方案）……（103）

第三节 学科融合，科教融汇（1个案例：古今气象异同探究——自建校园气象站科教活动方案）………………（146）

第五章 范例与启示…………………………………………（173）

第一章 形势与诉求：专创融合顺应新时代职业教育发展

第一节 双创理念的内涵及现实意义

创新是 21 世纪的主旋律，新兴科技层出不穷，产业发展日新月异，随着"一带一路"倡议、"中国制造 2025"行动纲领等出台，社会急需大批次的高质量学习型、创新型技术人才，作为主要供给者的职业教育，迎来了变革的关键期。职业学校学生是具有创新创业潜力的群体之一，新时代职业学校的教育目标迫切需要做出变革，强化学生在学习中获得的创新创业体验及思维感知，增强其服务社会的能力，将对技术技能型人才的培养提升到对创新创业型人才的培育，支撑产业经济发展，满足国家战略要求。

一、双创理念内涵

（一）"双创"的提出

创新创业的号召始于 2013 年 10 月一次国务院常务会议中强调"调动社会资本力量，促进小微企业特别是创新型企业成长，带动就业，推动新兴生产力发展"，此后，创新创业成为时代风潮。2014 年 9 月召开的夏季达沃斯论坛开幕式上,李克强总理首次提出,要借改革创新的"东风",在960万平方千米土地上掀起"大众创业""草根创业"的浪潮,形成"万众创新""人人创新"的新态势。2015年,国务院相继出台《国务院办公厅关于发展众创空间推进大众创新创业的指导意见》,正式公布《国务院关于大力推进大众创业万众创新若干政策措施的意见》。从中央到地方政府陆续出台一系列优惠政策支持创业创新,"大众创业 万众创新"大潮兴起,波澜壮阔,2015年也被称作中国的"双创"元年。

大众创业、万众创新(双创)深入发展是实施创新驱动发展战略的重要载体,随着各地各部门的认真贯彻落实,四新经济(新技术、新产业、新模式和新业态)大力发展,有效激发了社会活力,既可以扩大就业,增加居民收入,又有利于促进社会纵向流动和社会公平正义。双创理念的核心在"众",没有天生的专家和能手,都需要在历练中培养成长,如果只有少数市场主体参与,终究难以为继。中国有14亿人口,近10亿劳动力,做好收入分配改革、促进社会公平,满足群众过上更好生活的愿望,让人力资源转化为人力资本,为创业创新者提供更加公平的机会和通畅的上升通道,是中国经济增强后劲的关键。

(二) 创新与创业的内涵

1. 创新的内涵

在我国《辞海》里,"创"字的释义是"创始;首创","新"字的释义是"初次出现的",查阅"创新"的释义,主要解释为"抛开旧的,创造新的"。随着社会的发展,创新一词也有了不同层面的含义。在哲学范畴特指人类的创造性活动,在管理学范畴泛指以新事物的构想的产生为起点、以新事物成为现实并实现预定目的为终点的创造过程,或特指以新产品、新过程或新服务的构想的产生为起点,以新产品、新过程或新服务的商业化为终点的过程。

经济学家熊彼得认为创新是"一种生产函数的建立",并分为五种具体情形:引入新产品,引进新技术(生产方法),开辟新市场,获得原材料或半成品的一种新的供应来源，新的组织形式。这是首次将创新作为一个专业术语应用于经济学中，并界定了创新与发明的关系，被视作创新理论的起源。熊彼得的创新理论包括了创新系统的诸多组成要素，主要是：创新主体、创新客体、创新主体的创新构想以及市场。

现代公认的创新主体是企业或个人，创新的内容可以是理论创新、制度创新、技术创新等，原创性的发明、新知识的传播、体制创新等活动都可以视作创新表现。创新是人类提升的基础，是国家发展的动力，是个人进步的阶梯，涵盖政治、军事、经济、社会、文化、科技等众多领域。并由此衍生出"创新精神"，具体是指具有能够综合运用已有的知识、信息、技能和方法，提出新方法、新观点的思维能力和进行发明创造、改革、革新的意志、信心、勇气和智慧。这是国家和民族发展的动力，是每一个现代人应该具备的素质。

2. 创业的内涵

在我国《辞海》里，"创业"的释义是"创立基业"，也就是开创事业、开拓业绩。目前，国内外学者对于"创业"概念的界定有多种见解，国内普遍认同的是从管理学角度阐释的定义：发现和捕捉市场机会并由此创造出新颖的产品或服务和实现其潜在价值的过程。定义中包含了四个方面：一是创业包括一个创造有价值的新事物的过程，二是创业需要付出时间和努力，三是创业者要承担相应的财务、社会等风险，四是给予企业家创业的报酬。创业概念的提出往往是与经济发展、与学生就业相关联的，在普遍认同的创业模型中，创业者主导整个创业过程，而相应资源是创业成功的重要因素。

创业的含义分成广义和狭义两个层面。一般把创办企业、生产经营等自主创业活动划分为狭义的创业。创业者具有较好的创业能力、一定的知识技能以及创业资源，能合理利用自身条件自筹资金并投入实践，自主开拓新业绩，并能够为更多的人创造就业机会，实现价值创造。而广义的"创业"泛指运用自身具备的技能、以创造性思维开展各项创业实践活动，从而获得突破性的成就。从开拓事业到创设新职业再到开创新行业等都可以被认定为创业，除了体现个人价值，更能实现集体成就。在广义的创业含义中，突出了首创的艰辛以及过程的开拓性，可以说创业就是创新的载体和表现形式。从新成果、新贡献的角度来说还有一类特别的形式，即在现有岗位上通过创新努力获得突破性的新发展，为岗位提供者创造了特殊价值，这类企业内部创业同样符合创业的广义含义，不应当被忽视。

二、双创理念的现实意义

（一）实施创新驱动发展战略的重要载体

党的十七大明确提出科技发展要紧紧围绕经济社会发展这个中心任务，高技术要与传统产业全面结合。党的十八大明确提出："科技创新是提高社会生产力和综合国力的战略支撑，必须摆在国家发展全局的核心位置。"强调要坚持走中国特色自主创新道路、实施创新驱动发展战略。2015年国家科技战略座谈会也提出，科技创新成败很大程度上决定我国发展战略成败，必须要把科技创新摆在国家发展全局的核心位置，重塑我国发展竞争新优势。要在全社会倡导尊重知识尊重人才，力争在科技关键环节取得原始创新成果，面向大众创业万众创新，促进科技成果转化为现实生产力，解决科技与经济"两张皮"问题。2016年5月，中共中央、国务院印发《国家创新驱动发展战略纲要》，强调了创新成为引领发展的第一动力，体现了产业技术体系创新、企业创新以及大众创业、万众创新等重点举措，提出要强化原始创新，增强源头供给。

坚持"融合、协同、共享"，推进大众创业、万众创新深入发展，将有效全面实施创新驱动发展战略，加快新旧动能接续转换，着力振兴实体经济。改革开放以来，我国经济早期的快速发展主要源于发挥了劳动力和资源环境的低成本优势。进入发展新阶段，我国在国际上的低成本优势逐渐消失。中国未来的发展要靠科技创新驱动，而不是传统的劳动力以及资源能源驱动。与低成本优势相比，技术创新具有不易模仿、附加值高等突出特点，由此建立的创新优势持续时间长、竞争力强。实施创新驱动发展战略，加快实现由低成本优势向创新优势的转换，可以为我国持续发展提供强大动力。

"大众创业，万众创新"持续顺利推进，有利于壮大科研人才队伍，形成完备的科研体系，以科技创新为基础支撑，能实现创新带动创业、创业促进创新的良性循环。双创理念的提出，国家政策的扶持，为创新创业构建了优质的生态环境，创新创业的覆盖面不断拓宽，其科技内涵得以进一步提升，其发展实效得以增强，并与实体经济发展深度融合，结合"互联网＋""中国制造2025"等重大举措，有效促进了新技术、新业态、新模式加快发展和产业结构优化升级。以价值创造为本质内涵，营造敢为人先、宽容失败的良好氛围，践行共享发展理念，使创新创业成果更多更公平地惠及全体人民，促进社会公平正义。充分发挥市场配置资源的决定性作用，整合多方资源，健全创新创业服务体系，推动政策、技术、资本等各类要素向创新创业集聚，以市场化机制促进多元化供给与多样化需求更好对接，实现优化配置。据《2019年中国大众创业万众创新发展报告》的统计数据，2019年新登记企业739.1万户，比上年增长10.3%，全年日均新设企业达到2.02万户；创业公司在互联网全网招聘人数达到263.64万人，比上年增长85%；新登记注册青年创业者达到446.7万人，增长4%；大学生创业者74.1万人，增长9%。创新创业主动适应、把握和引领经济发展新常态，小企业"铺天盖地"、大企业"顶天立地"的局面不断拓展，新一代信息技术与实体经济加速融合，平台经济、共享经济、"互联网＋"和"智能＋"等新业态新模式加快发展，东西地区的差距在缩小，我国已经基本形成了多个创新集聚地区。

（二）促进经济社会发展的新动力

自我国改革开放以来，经济高速发展，科技突飞猛进，综合国力日益强大，经济总量上升到世界第二位。党的十八大前后，在2008年国际金融危机冲击的复杂影响下，我国经济发展出现了重大的趋势性新变化，进入一个重要的转折点。习近平总书记综合分析世界经济长周期和我国发展阶段性特征及其相互作用，做出我国经济发展进入新常态的重大判断。新常态作为我国经济发展的新阶段，不是凭空出现，更不是人为设定的，而是社会主义初级阶段历史长过程在当前呈现出的"阶段性特征"。新常态有几个主要特点：速度——"从高速增长转为中高速增长"，结构——"经济结构不断优化升级，要从增量扩能为主转向调整存量、做优增量并举"，动力——"从要素驱动、投资驱动转向创新驱动"。按照新发展理念推动我国经济社会发展，是当前和今后一个时期我国发展的总要求和大趋势。新常态下的主要任务是转变发展方式，所谋求的发展是创新发展。

推进大众创业、万众创新，就是要通过结构性改革、体制机制创新，加强基础研究，提升原始创新能力，着力加强创新创业平台建设，培育新兴业态，实施企业创新创业协同行动，发展分享经济，利用产业投资基金支持先进制造业发展，支持各类市场主体不断开办新企业、开发新产品、开拓新市场，以新技术、新业态、新模式改造传统产业，增强核心竞争力，实现新兴产业与传统产业协同发展，打造新引擎、形成新动力。推进大众创业、万众创新，是培育和催生经济社会发展新动力的必然选择。

创新引领创业、创业带动就业，推进大众创业、万众创新，是扩大就业、实现富民之道的根本举措。我国有14亿人口，近10亿劳动力，人力资源转化为人力资本的潜力巨大，在当前就业形势总体保持稳定的同时，就业总量压力较大，高校毕业生、退役军人等重要群体结构性就业矛盾凸显，"双创"型企业将成为吸纳就业的重要力量。虽然当前面临复杂严峻的国内外形势，但中国经济有韧性，韧性植根于近14亿人的勤劳与创造，"双创"是一个重要支撑，为我国丰富的人力资源特别是年轻人打开了广阔的就业空间。《中国创业孵化发展报告2019》研究显示，2018年我国创业孵化事业保持强劲发展态势，创孵机构遍布于中国31个省市自治区，在孵企业和团队拥有的有效知识产权数量和发明专利数量增幅显著，产出了很多创新成果，创新创业的质量不断提高。推进大众创业、万众创新，就是要通过转变政府职能、建设服务型政府，营造公平竞争的创业环境，使有梦想、有意愿、有能力的科技人员、高校毕业生、农民工、退役军人、失业人员等各类市场创业主体"如鱼得水"，通过创业增加收入，让更多的人富起来，促进收入分配结构调整，实现创新支持创业、创业带动就业的良性互动发展。

(三) 激发人才创新创业活力的有效途径

推进大众创业、万众创新，是激发全社会创新潜能和创业活力的有效途径。改革开放以来我国共发生三次创业浪潮，《中共中央关于经济体制改革的决定》的酝酿出台以及国家对私营经济的许可，掀起了以海尔集团等为代表的首次创业浪潮；邓小平二次南方谈话后，对人们下海经商的鼓励政策下，有 10 万公务员下海经商，到 1996 年，私营企业就业人员首次突破了 1 000 万人；第三次创业潮发生在 20 世纪末 "春晖计划" 之后，互联网经济的出现，掀起了以阿里巴巴、百度为代表的第三次创业浪潮。显然除了参与者自身的热情与动机之外，政府的创新创业保障制度是激发双创活力的重要因素。2015 年 "大众创业、万众创新" 提出之际，我国创新创业理念还没有深入人心，创业教育培训体系还不健全，善于创造、勇于创业的能力不足，鼓励创新、宽容失败的良好环境尚未形成。推进大众创业、万众创新，就是要通过加强全社会以创新为核心的创业教育，弘扬 "敢为人先、追求创新、百折不挠" 的创业精神，厚植创新文化，不断增强创新创业意识，使创新创业成为全社会共同的价值追求和行为习惯。

第二节 创新创业教育的概念及时代意义

一、创新创业教育的概念及发展现状

(一) 创新创业教育的概念

1. 创新教育

经济学家熊彼得最早对 "创新" 进行理论研究和解释，被誉为 "创新之父"，从经济学角度强调创新对促进社会经济发展的重要作用。在此基础上从教育学的角度，将 "创新" 定义由实物层面拓展到思维层面，创新教育就是 "培养毕业生产生解决现实需求和短缺状况的创意的思维能力和

技能"，将知识获取为目标的教育拓展到情感、智力、社会和实践技能的培养。

在国内，创新教育是为了迎接知识经济时代而提出来的。创新教育不仅仅是教育方法的改革或教育内容的增减，而且是教育功能上的重新定位，是带有全面性、结构性的教育革新和教育发展的价值追求。创新教育就是以培养人们创新精神和创新能力为基本价值取向的教育。而创新精神和能力不是天生的，它虽然受遗传因素的影响，但主要在于后天的培养和教育。创新教育的过程，不是受教育者消极被动的被塑造的过程，而是充分发挥其主体性、主动性，使教学过程成为受教育者不断认识、追求探索和完善自身的过程，亦即培养受教育者独立学习、大胆探索、勇于创新能力的过程。因此，创新教育着重培养创新精神、创新能力和创新人格，使素质教育能够真正得到贯彻实施。

创新教育的定位可以是多维度的，是各级各类教育的共同要求。首先，创新是人的本性，是人生存的需要，人人都具有创新的潜能与倾向，创新教育应尊重、保护并培育这种潜能，应具有全体性，应面向每一个学生。其次，自然科学创新离不开社会和人文思维方式的支持，创新是整个教育模式、教育制度和教育观念的全局性改变，并不是局部的修改和增减，它应贯穿于课堂教学、课外活动和日常教育生活等方方面面，成为全部现代教育的精神特质，局部性的教育创新不可能是真正意义上的创新教育。所以，创新教育应具有全面性、全域性，面向每一门学科。最后，创新是一种人格特征或个性特征，是一个人综合素质的凝结性表现，是一个人的自我超越和自我发展，是一个人潜能和价值的充分实现。创新只是工具，并不是方向本身，创新还不能单独成为目的，创新教育也不能代替现代教育的全部，它必须与道德教育整合，培养人的同情心和责任感，把人的创新精神与创新能力引向为人类造福的方向上来。也就是说，创新教育还具有综合性、双重性，现代教育必须致力于相互整合，实现个体生命质量的全面提升。

2. 创业教育

联合国教科文组织1989年11月在北京召开的"面向21世纪教育国际研讨会"上首次提出了"创业教育"这个全新的教育概念。教科文组织在报告中提出，从广义上说，创业教育是为了培养具有开拓性、创造性思维的个体。它对拿薪水的人也同样重要，因为用人机构或个人除了要求受雇者在事业上有所成就外，越来越重视受雇者的创新和开拓进取精神、创业和独立工作的能力以及技术、社交和管理技能。在报告中，创新创业教育被称为"第三本教育护照"，把其提高到与学术性和职业性教育同等重要的地位。

国内"创业教育"一词首次出现在教育部《面向21世纪教育振兴行动计划》中，其提出要瞄准国家创新体系的目标，培养造就一批高水平的具有创新能力的人才，职业教育和成人教育要加强创业教育和职业道德教育，实行更加灵活的教学模式，在高校加强对教师和学生的创业教育，发挥科技开发"孵化器"的作用，采取措施鼓励他们自主创办高新技术企业。创业教育是素质教育和终身教育的延伸和深入，培养学生形成更强的独立生存与发展的本领，使其综合素质得到开发和提高。从普遍认可的观点来看，狭义的创业教育就是培养学生创办企业的能力，广义的创业教育是提高受教育者整体素质和创业能力的教育活动。

3. 创新创业教育

1991年，东京创业创新教育国际会议从广义上把"创新创业教育"界定为：培养最具有开创性个性的人，包括首创精神、冒险精神、创业能力、独立工作能力以及技术、社交和管理技能的培养。

从国内研究文献来看，对创新创业教育（双创教育）概念的理解主要有以下三种：一是把创新创业教育理解为创新教育与创业教育的结合；二是认为创新创业教育落脚点为创新教育；三是认为创新教育是创业教育的前提，将创新创业教育实际指代为创业教育。而习近平总书记指出，创新是社会进步的灵魂，创业是推进经济社会发展、改善民生的重要途径，创新和创业相连一体、共生共存。我国的创新创业教育要体现出两者之间的融合和相互作用，更多强调能够培养原始创新意识和素养的创业教育，其本质是创新型人才的培养。也就是说，创新教育是创业教育的基础，创业教育是创新教育的载体和表现形式，创新创业教育注重把事业心和开拓技能教育提高到和目前的学科性以及职业性教育的同等地位，促进社会经济发展和受教育者生活质量的提高。

创新创业教育是素质教育的新境界，培养的是具备知识经济时代所必需的知识和素质，具有信念坚定、敢于冒险、勤于思考、积极应对变化的特征的复合型人才。创新创业教育可以改变毕业生传统的被动就业观念，以创业带动就业，拓宽就业途径，提高就业质量，是贯穿于人才培养全过程的全民素质教育。

（二）创新创业教育的发展历程及现状

1. 试点起步阶段

自党的十四大提出建立社会主义市场经济的目标后，为响应国家科教兴国的宏观政策，制定了一系列支持创业尤其是高等学校毕业生自主创业的政策。1999年，教育部联合共青团中央、中国科协、全国学联共同举办了首届"挑战杯"中国大学生创业计划竞赛，通过大赛普及创业知识、推广创业理念，使创业热浪从高校向全国扩散，促进了社会对创业活动的认可，产生了良好的社会影响。

2002年，教育部开启了创新创业教育的试点工作，先后批准了清华大学、中国人民大学、北京航空航天大学等九所大学开设创业教育课程，在政府的引导下，将我国高等教育工作和社会、经济发展相结合，展开了国内高校创业教育的多元化探索。这一时期正是实施科教兴国战略的关键时期，以教育部为主体制定了鼓励和支持大学生创业的系列政策，拓宽高校毕业生的就业途径，把科技和教育摆在经济、社会发展的重要位置，把经济建设转移到依靠科技进步和提高劳动者素质的轨道上来。这一阶段的探索工作主要围绕创业教育展开，参与主体以教育部和高校为主，在国家创业教育政策的指导下，在创业教育课程开设、创业教育模式建构、实践载体运用等方面积累了一定经验，为学生创业扶持政策的制定和完善，为我国创新创业教育模式的构建提供了经验与保障。

2. 全面发展阶段

自 1999 年起，高等教育（包括大学本科、研究生）不断扩大招生人数，大学扩招使得高校毕业生越来越多，就业压力越来越大。而且由于大学生早期创业者自身经验的不足，加上 2008 年的金融危机等外部环境的影响更是直接造成了大量初创企业的倒闭，影响了学生创业的后续信心。国务院出台多项规定鼓励扶持大学生创业，具体的财税优惠政策和创业资金支持，营造了更好的创业环境。同时强调了创业培训的重要性，更加关注创业能力的培养，大学生创业教育试点学校逐步增加，并在校园设立创业孵化基地，享受税费减免等多项优惠政策。

2010 年，教育部《关于大力推进高等学校创新创业教育和大学生自主创业工作的意见》（以下简称《意见》）的推出，意味着创新创业教育获得了政府的认可，培养企业家的创新精神被视为高等创新创业教育的核心所在。《意见》要求各地大力推进创新创业教育，加强创业基地建设，高等学校创新创业教育要面向全体学生，融入人才培养全过程。要加强创新创业教育课程体系建设，要加强创新创业师资队伍建设，要把创新创业实践作为创新创业教育的重要延伸，要建立创新创业教育教学质量监控系统，要加强理论研究和经验交流。这一阶段的政策环境，对创新创业教育的理念以及价值、定位等进行了统一部署，保障了"双创"教育工作的顺利实施。

3. 规范提升阶段

2015 年的《政府工作报告》中对"大众创业，万众创新"的阐释使"双创"教育走进了大众视野。国务院《关于深化高等学校创新创业教育改革的实施意见》中对创新创业教育给出了更为深入的分析和界定，为推进高等教育综合改革、促进高校毕业生更高质量创业就业，指出了指导思想、原则以及总体目标。"课堂+实训"的创新创业课程体系在全国许多高校推广普及，教育思路不断丰富与拓展，教育特点趋于多元化，创新创业教育推广工作成为国家教育行业的长期发展方向。随着人工智能、大数据时代的到来，创新创业教育面临更多的变革，要整合学科、科研、平台、人才等多方面资源优势，建设普惠性的教育系统，培养学生真正会学习、分析、思考，除了掌握知识技能外，更重要的是掌握解决问题的能力。创新创业教育作为我国建设创新型国家一系列战略举措的重要组成部分，还有更广阔的发展空间。

（三）职业学校创新创业教育的特点

改革开放以来，职业教育为我国经济社会发展提供了有力的人才和智力支撑，现代职业教育体系框架全面建成，服务经济社会发展能力和社会吸引力不断增强，具备了基本实现现代化的诸多有利条件和良好工作基础。随着我国进入新的发展阶段，产业升级和经济结构调整不断加快，各行各业对技术技能人才的需求越来越紧迫，职业教育重要地位和作用越来越凸显。积极利用职业教育自身优势，支持国家创新驱动战略需要，开展"双创"教育，促进就业创业，培养高素质技术技能人才，是职业教育的历史使命。

1. 呈现面向大众的普惠性

中华人民共和国成立70年来，我国职业教育从建国初期的奠基式发展，到21世纪初的规模化发展，再到国务院印发《关于加快发展现代职业教育的决定》之后的内涵式发展，从小众到大众，随着国家发展而发展，随着国家强大而壮大，人才的适用性是职业教育贯穿70年的课题。中国职业技术教育学会会长、教育部原副部长鲁昕在中国职业技术教育学会2019学术年会做的报告中提到了职业教育创造的五大业绩。"第一，建成了世界最大规模的职业教育，具备了每年培养数以千万计技术技能人才的能力。第二，建成了世界上最完整的工业门类，19大类1 000多个专业覆盖了国民经济所有产业和行业。第三，建成了世界区域面积最多的职业院校布局，目前拥有高职学校1 418所、中职学校10 229所，做到了全国31个省333个市2 846县职业教育和培训全覆盖。第四，培养了世界上最大规模的职业教师队伍，数以百万计的教师工作在覆盖国民经济各领域、各部门、各行业的专业教育岗位上，目前我国中高职专任教师总数达到133.2万人。第五，提供了数以千万计的专业技术技能人才，支撑了经济转型和产业升级，据不完全统计，2014—2018年就业于轨道交通、先进制造、现代农业、电子商务、旅游服务、航空服务等新经济、新业态、新模式岗位的中高职毕业生人数约1 750万人。"职业教育进入了"以人为本"的大众化时代。同样的，职业学校的双创教育，以培养大批高素质人才为己任，是面向全体学生的大众化普惠教育，着重培养学生职业生涯发展所需的善于提问、勤于反思、勇于拼搏、敢于担当的创新精神和创业意识，满足未来开创新事业的需要。

2. 具有适应岗位的实践性

习近平新时代职业教育理念指出："职业教育是国民教育体系和人力资源开发的重要组成部分，是广大青年打开通往成功成才大门的重要途径，肩负着培养多样化人才、传承技术技能、促进就业创业的重要职责，必须高度重视、加快发展。"职业学校学生普遍文化基础较差，职业教育以教授学生职业岗位所需技能和知识为目标，完善实训教学条件，建设专业教学标准，为学生成为复合型人才把握方向。职业教育与生产劳动相结合，与行业企业有着天然联系，各类校企合作模式的研究与开展，扩充了学生实践学习的途径。因此，职业学校的创新创业教育除了通识性的双创理论知识外，更看重学生的实践能力、创新精神以及创业能力的培养。学校与企业合作建设的教学实践平台，可以为学生提供切合岗位的实践经验，也有利于教学向行业企业发展需求靠拢；全国职业院校技能大赛、创新创业技能竞赛，有近90%的赛项由国内外知名企业深度参与，在竞赛中理解最新技术、接触先进设备，也为双创教育目标切合行业人才需求标准提供了更多实践机会。丰富的企业实践和社会实践，是职业学校双创教育迅速检验各种教学理念的有效途径，真正培养提升学生在实践中求真知的创新能力以及创业能力。

3. 突出多元化的融合性

创新创业教育注重对学生创新思维以及专业素养的培养，这需要按照学生的认识规律进行整体规划，在学校教育过程的不同阶段教授不同的教育内容。传统职业教育是根据岗位要求，不同专业设置不同的课程体系，但随着人才培养目标的变化，仅掌握单一学科知识很难激发创新思维，需要通过开展与专业教育相融合的创新创业教育来弥补这个问题。从持续性发展的角度来说，任何教育，最终目标不仅在于提升人才的某种能力，同时更应当提升人才终身学习的能力以及适应社会的能力。现阶段职业学校的双创能力培养是融合在文理工等不同学科中的综合性话题，是一种以人为本的复合型人才培养模式，主张在普惠式教育基础上的分层分类培养、在习得专业技能的同时提升综合素养、在实践的全过程整体评价学生，因此在构架双创能力培养有效路径中，要求从整合社会企业和学校资源出发建设多元融合的教学资源、以职业教育特色为抓手重构学科互补的课程体系、设计知识跨界的课程内容和灵活包容的教学活动，达到培养学生工程实践的硬思维和批判创新、沟通协作等软能力的培养目标，培养出更为多元化的综合性人才。

二、创新创业教育的时代意义

党的十七大提出"提高自主创新能力，建设创新型国家"和"促进以创业带动就业"的发展战略。党的十八大明确提出"科技创新是提高社会生产力和综合国力的战略支撑，必须摆在国家发展全局的核心位置"。党的十九大报告进一步明确了创新在引领经济社会发展中的重要地位，标志着创新驱动是一项基本国策。创新创业教育是适应经济社会和国家发展战略需要而产生的一种教学理念与模式，面向全体学生，是人才培养质量提升的需要。

（一）助推产业结构优化

产业结构是指国民经济各产业部门之间以及各产业部门内部的构成。

从世界各国尤其是发达国家的数据来看，产业结构已经逐步过渡到以高技术产业和服务业为主导的后工业化阶段。改革开放以来，中国的国民经济工业化水平明显提高，工业和服务业促进了经济高速增长，第三产业成为接纳农村剩余劳动力的主要产业。产业结构的优化升级，其核心是社会生产技术基础更新所引发的产业结构的改进，即由于新技术的开发、引进、应用、扩散，引起高新技术产业发展和传统产业的更替、改造，也就是说，产业结构的优化升级是以技术创新为前提的。显然，以先进的科学技术提高劳动生产率，以信息技术带动产业升级，实施创新驱动发展战略，实现经济增长方式的转变，真正实现以创新引领产业转型升级，是适应和引领我国经济发展新常态的关键。

创新创业教育就是要培养高科技、高创新能力的人才，输送具备创新意识和创业能力的毕业生，满足岗位对知识、技能的要求，提升各产业的知识含量，促使产业优化升级，提高国家的经济水平。《2019中国高等职业教育质量年度报告》显示，高职毕业生半年后就业率持续稳定在92%，毕业三年后月收入增幅达到76.2%；毕业生本地就业率接近60%，到中小微企业等基层服务的比例保持在60%以上；四分之一的毕业生到西部地区和东北地区就业，高职教育对于扩大就业和促进学生发展的作用日益显现。我国改革开放以来首份中等职业教育质量报告《中国中等职业教育质量年度报告（2018）》（以下简称《报告》）从第三方评价角度综合呈现了十八大以来特别是2017年我国中等职业教育的整体质量情况，《报告》显示，2017年全国共有中职学校1.07万所，招生582.43万人，在校生1 592.5万人；2017年全国中等职业学校向社会输送毕业生406.4万人（不含技工学校），毕业生就业率达到96.38%，对口就业率72.95%；面向社会开展职业资格证书培训173.07万人、岗位证书培训154.76万人；全年承担各类社会培训特别是企业员工培训463.99万人，为提升一线产业工人的技能水平做出了贡献。职业教育由参照普通教育办学模式向企业社会参与、专业特色鲜明的类型教育转变，我国中职国家教学标准体系框架基本形成，中职教育领域产教融合不断深化，高职教育在稳定和扩大就业方面的重要性和作用得到广泛认可。加大创新创业教育在职业教育中的普及力度，以企业为主体、市场为导向，传授学生知识技能，指导学生实习实践，培养学生思维素养，主动为牵引产业结构的调整提供人才支持，必能发挥教育在社会经济转型发展中的作用。

（二）促进教育教学改革

职业教育与普通教育是两种不同的教育类型，具有同等重要地位。改革开放以来，职业教育为我国经济社会发展提供了有力的人才和智力支撑，现代职业教育体系框架全面建成，服务经济社会发展能力和社会吸引力不断增强，具备了基本实现现代化的诸多有利条件和良好工作基础。国务院《关于大力推行大众创业万众创新若干政策措施的意见》《国家职业教育改革实施方案》等多个文件的发布，为进一步办好新时代职业教育指明了方向。将创新创业教育作为教育改革工作的重心之一，明确高校创新创业教育的培养目标，合理设置培养模式，通过逐步建立完善创新创业教育体系以及创新创业课程体系等措施，推进工作的顺利开展。

经济环境的改变，直接影响到教育环境的改变，职业学校是向国家输送人才的重要一环，在进行人才培养的过程中，改革教育模式，进行创业精神与创新能力培养，加速教育大众化的发展进程，为社会创造了更多的就业机会。"双创"教育除了传授学生专业知识和技能外，更注重对学生整体素养的培养，在帮助学业实现自我价值的同时提高了社会就业率。创新创业教育必须与实践相结合，需要结合职业教育自身特点深入开展市场调研，为服务地方经济制定有效的人才培养方案。而且创新创业教育需要与专业课程有机融合才能成功实施，学生通过学习积累了多种学科的知识，将知识进行联系与融合有利于培养从多角度思考问题的能力，这种跨学科整合需求也为职业教育的课程体系改革注入了动力。

（三）提升学生综合素质

职业学校的创新创业教育，是以服务社会经济发展为目标的广义素质教育，在人才培养、传授技能的同时陶冶精神，在以就业为导向的同时注重对学生的人文教育。

激发学生的跨学科思维。通过深化学科融合，培养学生利用现有知识和技能去改进或创造新事物的创新能力，使学生获得贯穿岗前到职后的全面发展能力，并为有意愿的学生提供创业实践条件，促进个人需求与社会需求相融合。双创能力的培养重视以人为本，将专业教育和双创教育相结合，覆盖全体学生，培养其批判性思维力、洞察决策能力、创造性设计能力、协作交流能力等核心素养，提升人才培养质量。学生从"想"到"做"再到"用"，在对掌握的知识技能进行综合运用的同时加深理解，不断更新知识体系，达到创新型技术人才的培养目标。基于学科交叉模式的创新创业教育可以提升学生的跨学科能力。

培养学生的创新思维和创业能力。注重学科知识体系完备性的职业教育，知识结构由易及难循序渐进，符合学生认知规律，但过于强调知识的科学性，过于抽象，和现实问题缺乏联系。创新创业教育注重引导学生主动学习、参与实践，以学生解决问题能力、创造设计能力等综合素养发展为主线，分层式重构学校课程设置，从专业互补、资源共享的角度，注意学科融合、学习阶段融合和课间融合，使知识技能水平和能力目标可操作化，在具体学科中提高学生素养，培养学生的自主创新能力，具有可持续发展能力。

增强学生的创业就业信心。学生可以通过创新创业教育培养，获得更多与理论知识不同的实践经验，将兴趣转化为个性化特征，主动分析并解决问题，在实践研发过程中提升决策能力和知识运用能力，在协同合作中提高交流能力和表达能力，在加深对理论知识理解的同时，提升综合能力，增强对职业的认同感。并且创新创业教育孵化基地为学生提供了实践机会，校企合作的模式有利于学生提前融入社会，适应产业需求的发展趋势。

三、创新创业教育的价值体现

(一) 以创促就,驱动社会经济发展

创新创业教育将学生从被动的接受知识转换为主动学习,指导学生积极发现问题、多层面分析问题、运用综合知识解决问题,以使其能够适应社会需要,为经济社会发展服务。在职业教育中开展创新创业教育,将我国人口资源转换为人力资本,以创业带动就业,能真正体现教育价值。近年来我国经济迅速发展,教育水平不断提升,职业教育大众化特征突出。智研咨询发布的统计数据显示,2019年全国中等职业学校有1.01万所,招生600.37万人,在校生1 576.47万人,占高中阶段教育在校生总数的39.46%。2019年全国中等职业教育毕业生493.47万人,从侧面反映了职业教育的发展规模不断壮大。将创新创业教育工作融入职业教育中,培养学生的创新思维和创业能力,提升学生的综合实践能力,满足企业需求,支持经济新常态下对高技能人才的要求,以创业带动就业,促进新行业、新岗位的形成,有利于缓解就业压力,保持社会的和谐稳定。

"我国经济发展要突破瓶颈、解决深层次矛盾和问题,根本出路在于创新,关键是要靠科技力量。"创新创业教育响应国家政策培养创新型人才,推动了国民经济提质增效升级,是对国家创新驱动发展战略的重要支撑。通过创新创业教育,倡导敢为人先、敢于创新、勇于实践,培养的人才更加符合社会发展的需求,在社会上形成积极正面的创业氛围,提供源源不断的发展动能支撑,提升整体素质水平;通过创新创业教育,强化校企联动机制,与区域社会形成良性的互动,获得政府的政策支持,创设良好的外部环境,保障创新创业教育的实施;通过创新创业教育,开办创业孵化基地,加快企业的知识转化能力,加快创新市场化速度,加强高科技成果的应用和转化,引领科技产业发展方向,有利于增强地方企业的实力;通过创新创业教育,从课程、教学和评价等方面推动教育改革,理性、稳健地向社会输出高素质人才,毕业生扎实的专业知识、丰

富的实践经验、良好的专业技能具有强大的创新潜力,提升了地方经济的竞争力,为科技创新、岗位创新提供了可能,保障了地方经济的持续性发展。

(二) 以创促成,实现个体人生价值

从人生观体系范畴来看,一个人的价值,在于其贡献什么,在于其实践活动在多大程度上满足了个人和社会的需要。人生价值内在地包含了人生的自我价值和社会价值两个方面。人生的社会价值,是个体的人生活动对社会、他人所具有的价值。衡量人生的社会价值的标准是个体对社会和他人所做的贡献。人生的自我价值,是个体的人生活动对自己的生存和发展所具有的价值,主要表现为对自身物质和精神需要的满足程度。良好的双创教育氛围可以引导学生树立正确的价值观,参与积极正面的实践活动,实现自我人生价值,促进国家社会进步。

创新创业教育促成学生勇于创新创业。我国教育部在《面向 21 世纪教育振兴行动计划》中指出,要加强对教师和学生的创业教育。在《教育信息化"十三五"规划》中明确指出,要有效利用信息技术来探索新教育模式,使学生具有较强的信息意识与创新意识。在这种全新的"全民有效性"教学理念下,学习者通过实践采用学科融合的思维方式解决真实情境中存在的问题,提升了科学和技术水平,培养了创新能力与问题解决能力,转变了就业观念。中国在经济新常态下,经济增长将更多依靠人力资本质量和技术进步,企业兼并重组、生产相对集中不可避免,新兴产业、服务业、小微企业作用更加凸显,生产小型化、智能化、专业化将成为产业组织新特征,劳动力的素质、能力要求与学生的传统择业观产生了明显的矛盾。为学生获得创新体验和创业经历创造条件,增强创新创业教育的实效性,将学生的创新创业意向转化为实际行动,使其从传统的被动就业改变为主动创业,使创新成为驱动发展的新引擎。通过创新创业教育让学生主动参与实践体验,结合地区经济发展特色专业,吸收地方经济发展的前沿经验培养学生的创新精神,加强专业教育,提高学生的适应能力,使学生能跟上经济发展的要求,有足够的底气、以丰富的经验投入创新创业

过程中，将理想发展为实绩。

创新创业教育开阔学生思维视野。创新创业教育兼顾理论和实践，具有融合性特征，除课堂学习外还包括科技竞赛、实践学习等开放性活动，以学生为主体，将所学知识融会贯通，根据实际需要选择运用并加以创新，培养学生的跨学科创新能力以及实践能力，使学生跟随时代发展步伐在不同舞台上充分展示自己，拓宽知识面。形式灵活多样的活动为学生打实了知识与技能基础；同时，信息的获取、理论的思辨、交叉学科的应用思维，都有助于学生开阔视野，了解社会需求，增强学生通过创新创业活动来实现人生价值的信心。

第三节 专创融合顺应新时代职业教育发展

一、专创融合的提出

创新是21世纪的主旋律，新兴科技层出不穷，产业发展日新月异，党的十八大明确强调要实施创新驱动发展战略。为满足社会需要，新时代职业学校的教育目标迫切需要从对技术技能型人才的培养提升到对创新创业型人才的培育上，强化学生在学习中获得的创新创业体验及思维感知，培养出具有创新意识与创业精神的新型人才，支撑产业经济发展，满足国家战略要求。我国教育部多次强调要推进创新创业教育改革，各地方政府也先后出台了相关制度，职业学校必须全面深入开展创新创业教育，贯彻习近平就加快职业教育发展的重要指示，承担"培养多样化人才、传承技术技能、促进就业创业"责任，为实现"两个一百年"奋斗目标和中华民族伟大复兴的中国梦提供坚实的人才保障。

创新创业教育并不是孤立在职业教育以及文化素质教育之外的可选项，从关于创新创业教育的分析中可以看到，职业学校培养的创新创业人才，是具有创新创业精神、符合市场需求的高素质应用技能型人才，在本质上与专业教育的人才培养目标是一致的。教育部于2010年首次提出

"把创新创业教育有效纳入专业教育和文化素质教育教学计划和学分体系，建立多层次、立体化的创新创业教育课程体系"。创新创业教育和专业教育都属于职业教育中不可或缺的部分，在专业课程教学中嵌入双创教育元素来启发学生、培养学生思维能力，或者设计开发专门的双创类课程加入教学体系中、延伸扩充专业教育，都是可行的融合模式。在《国务院办公厅关于深化高等学校创新创业教育改革的实施意见》中也明确指出，"创新创业教育理念滞后，与专业教育结合不紧，与实践脱节"是双创教育中不容忽视的突出问题。因此，为配合实施创新驱动发展战略，满足我国经济和社会发展需求，将创新创业教育有效融入专业教育（专创融合）是当前职业教育教学改革的核心任务。

二、专创融合的意义

（一）实施国家发展战略的迫切需要

自 2014 年李克强总理提出"大众创业、万众创新"以来，创新创业教育成为职业学校的教学改革热点，国务院出台了一系列"指导意见"和"实施意见"，对加强创新创业教育提出明确要求，指出了与专业教育结合不紧、实践平台短缺等突出问题，提出要"促进专业教育与创新创业教育有机融合"。关于新时代职业教育的地位，2019 年国务院在"职教 20 条"中明确提出要"把职业教育摆在经济社会发展和教育改革中更加突出的位置""培养国家发展急需的各类技术技能人才"。这些政策为推动双创教育与专业教育的融合创造了良好的环境。

人才永远是稀缺资源，是经济发展的重要支撑，党的十八大明确提出"科技创新是提高社会生产力和综合国力的战略支撑"，党的十九大明确到 2035 年"跻身创新型国家前列"的建设目标，"一带一路""中国制造 2025"等行动纲领，要求实现产业升级、推动重点领域突破发展，急需大批次的高质量学习型、创新型技术人才为支撑。职业学校责无旁贷，迫切需要与产业对接，实现人才的创新能力、跨界整合能力的系统化培养，探索创新创业教育与专业教育的融合路径，培养理实兼修、专创兼具的创新创业人才，满足国家战略需要。

（二）职业学校教育改革的重要举措

新时代职业教育承载着重要的时代使命，习近平总书记强调，职业教育"是广大青年打开通往成功成才大门的重要途径"，李克强要求"要用改革的办法把职业教育办好做大"。在国家政策扶持和社会上教育观念转变的优势下，我国职业教育发展态势良好，据2019年全国教育事业发展统计公报，全国共有中等职业学校1.01万所，中等职业教育在校生1 576.47万人，共有高职（专科）院校1 423所，充分具备了培养大批量的高素质技术技能人才的条件。从职业学校创新创业教育融入专业教育（专创融合）的两个方面单独进行分析，首先从专业发展的需要来看，要领会教育部文件精神，改善专业结构和布局，打造高水平示范专业，需要完善专创融合、产教融合机制，助推人才培养，服务区域经济发展；而从创新创业教育的改革情况来看，健全的教育体系，从目标制定、师资建设到项目实施等，都要与专业课程相衔接，才能紧跟产业变革、与社会资源对接，强化职业学校内涵建设。因此，职业学校的教育改革以及体制创新，必须从人才培养的全过程思考创新创业教育与专业教育的深度融合。

（三）提升职校生毕业质量的主要保障

职业教育肩负着"促进就业创业的职责"，不同于普通教育，职校生的成功成才，在于技高一等、提升生存发展能力和社会价值，在于具有可持续的职业发展，对社会经济发展做出贡献。每年职业教育都向社会输送大批量的就业人才，2019年度统计数据显示中等职业教育毕业生有将近500万人，面对岗位时的专业技能水平以及创新整合能力，直接关系到毕业生的就业创业质量，并影响其未来职业生涯发展。与普通教育毕业生相比，职校生由于人才培养目标的不同，在专业技能和实践能力方面，具有天然的优势，故此毕业生创业的数量近年来有所增加。但如今产业不断迭代升级，对学生具备的知识及技能要求一直在变化，传统的学科专业教学课程体系需要顺应改变。因此，需要学校和企业实现资源的共享，在人才培养中融入创新创业实践能力要素，开发专创融合课程，教授基本的创业知识和技能，提升学生的学习能力和创新能力，增强学生的竞争能力，发挥出自身的优势，保障高质量就业创业。

第二章 困境与突破：创新创业人才培育实践现状与对策

第一节 创新创业教育存在的问题及成因

一、创新创业教育的实践困境

（一）双创教育改革缺乏顶层设计

创新创业教育（双创教育）是支持国家创新驱动发展战略、发挥教育对经济社会转型发展促进作用的有力保障，是对人才培养模式的更新与变革，所以双创教育的改革与实施要从整体角度来进行思考，需要政府、行业、企业、学校等多个主体之间相互协调，整合彼此的优势资源并投入教育活动中，保持开放性、融合性，建立起联系紧密的工作系统，将教育落实到学生个人发展的核心目标上。目前的政策设计，主要倾向于以创新创业带动就业，国家出台了很多创业优惠及扶持政策，激励了学生创业、缓解了就业压力，但对于学校希望扶持创新创业教育、惠及不同层次学生的需求没有给予响应，双创教育外部环境还需优化。企业主体在参与教育改革的过程中，因其天然的对经济效益的关注，能更敏锐地捕捉到社会需求，但如何把社会需求化解到学校教育中，需要校企双方有效沟通，欠缺行业、企业对创新创业教育的实际支持，使得教育与实际需要相脱节。

学校内部对于创新创业教育的认识也迫切需要统一。目前在职业学校双创教育的改革实施中，重视程度远不如招生就业、技能大赛、教育教学等工作，常常误认为这项工作主要应由高校承担，职业学校只要做做样子就行，欠缺系统规划。主要表现在：校级层面的专项制度、学生层面的分类指导、专业层面的有机融合、成果层面的产权归属等缺乏明晰的框架，顶层设计方面不够完善。在对接业态的过程中，与行业企业的联系合作仅出自专业自身发展需求，没有学校全局的主导，导致对专创融合的态度模糊，不利于具体实施。学校应建立实施方案，明确管理制度，自上而下重视工作，鼓励创新、表彰典型，积极营造良好的教育氛围，使创新创业教育与专业教育深度融合，为学生创新创业保驾护航。

（二）双创教育理念亟须转变

纵观近年来社会经济发展催生的各产业发展情况，呈现出由产品、工艺、材料等维度构成的融合创新特征，要素整合、学科跨界，在一系列国家发展战略的推动下，培育出大批新产业。产业的升级需要高质量人才的支撑，学生要成为快速适应新岗位的创新型学习人才，除了具备基础的专业技能，更重要的是具备创新意识与核心素养。然而从当前关于双创教育的一些研究成果来看，除了探讨双创的途径、环境、机制的理论研究，在实践活动中，最常见的有"双创"比赛、建设创业基地、开设创客空间、组建创业学院、设置创业课程等五种形式。诚然这些活动反映了职业学校积极的研究投入，但同时也可以发现，当下的"双创"教育把重心放在了创业行为和相应竞赛上，是脱离于专业教育教学之外为创而创的行为。

创新创业教育的目标在于激发学生的创造潜力，深刻认识到这一点，教育工作的深度、广度都有待加强。既要从国家和社会的需求出发，考虑当地区域经济发展的趋势，更要充分考虑学生和专业的特点，制定符合学校整体规划的人才培养目标。虽然从文件精神、赛项管理等工作来看，一直在宣传双创教育，但只有将创新创业教育的理念真正地融入教学理念和培养模式中，切实以育人为目标，营造学生广泛参与、不断接触的双创氛围,才能真正引起师生重视,走出为创而创、为赛而赛的"选拔性"精英教育理念,在相关课程中通过教师的引导,培养学生创新精神、创业意识和创新创业能力。所以,职业学校对创新创业人才培育的理念需要深化,加强与产业的对接,与专业教育相融合,注重学生创新能力、协作意识、创业精神的培养。

(三) 课程体系有待完善

课程设置与专业教育有所脱节。从知网检索来看,现阶段,对双创教育体系各要素的宏观理论研究相对广泛,但有些学校的认识还停留在表面上开设双创教育通识课程、实践上开展第二课堂活动的层面,鲜少看到真正将双创理念和内容根植于专业课程教学单元的课程开发。缺乏全面、持续的创新创业教育活动,没有实践经验的提升,导致学生不了解课程的意义,对创新意识和创业能力的重视不足。而在专业层面,双创教育也没有达到对所设专业的全覆盖,目前主要是在电子商务、财贸类专业中开设双创课程,且大都把创新创业实践视作独立于专业实践之外的活动,缺少体系化的融合设计,学生缺乏创新实践经验与创业体验,双创教育的服务面过窄。

课程设置与实践需要有所脱节。当前职业学校开展的创新创业课程,大部分是理论课程,仅注重课堂授课、缺乏实践操作,单一的学习形式造成学生积极性下降,无法理解创新创业教育活动的学习目标。实践操作是创新创业教育中的重要环节,但为实操安排对应课程,并不意味着就要把双创教育等同于专业知识教育,除了在传统教学课程中安排教授,更应当与企业建立协同机制,为学生提供更多参与创新创业实践活动的机会。然而目前企业对创新创业教育课程体系的参与,主要是共建实验室等硬件资源性支持,欠缺工程人员和前沿技术等软件支持,学生不能紧跟时代发展、及时接触更为客观更为多元化的前沿信息,无法真正满足创业教育的实践性需要。

社会经济对人才质量的需求变化决定了学生面向岗位表现出来的创新能力是考查教育成效的关键因素,创新创业教育体系的构建必须依靠职业教育的专业优势，将创新思维培养渗透到专业课程中，整合优化学校与行业企业资源，使学生在系统化的学习活动中获得创新实践经验与创业体验。

（四）师资队伍双创素质有待提高

职业教育的培养定位从早期的"出人才"到"都成才"再到如今的"能出彩"，不断随着国家和社会需要在自我革新，然而要落实双创综合素质培养，教育的主导者、操作者是教师，教师的综合素质决定了学生能习得的专业技能、素养能力。

学校缺少有实践经验的教师团队。当前职业学校创新创业教育起步较晚，缺乏既具有专业能力又具备双创能力的复合导师，双创师资主要是由专业教师担任，虽然有丰富的理论水平，但因为自身经验限制，很难有效地将双创教育融入专业教学中，上课时不能引用由教师本人参与的项目案例来对学生进行系统指导，无法满足学生的体验需要；而部分学校借鉴产教融合经验，积极引进企业专家或技术能手开设讲座、兼任双创培训导师，但由于没有系统的教学培训，他们不能结合专业实际来组织教学，达不到课堂要求，且有些双创经验丰富的企业人员不符合兼职教师的学历、职业资格要求，无法顺利获得聘任。

教师缺少创新创业专项培训机会。改革开放特别是党的十八大以来，职业教育教师培养培训体系基本建成，教师素质能力显著提升，尤其是把建设高素质"双师型"教师队伍作为加快推进职业教育现代化的基础性工作来抓，为职业教育改革发展提供了有力的人才保障和智力支撑。但是，与新时代国家职业教育改革的新要求相比，职业教育教师队伍还存在着数量不足、校企双向流动不畅、专业化水平偏低等问题，尤其是同时具备理论教学和实践教学能力的"双师型"教师和教学团队短缺，已成为制约职业教育改革发展的瓶颈。这些问题同样影响着创新创业教育的发展，教师普遍提出虽然学校每年提供了相当数量的培训发展机会，但创新创业专项培训机会相对较少，而且培训本身也缺少实践操练。

创新创业教育本身是重实践的教育，然而在多种因素的影响之下，教师的综合能力和个人技能有所欠缺，没有形成创新创业经验与专业融合的教学团队，缺少深入研究开发专门的创新创业课程以及专创融合课程的能力，没有系统持续的双创教学活动，也就不能保证双创培育效果。职业学校需要加强培训、积极引导，给予教师充分的专业实践机会，构建具备双创素质的结构化师资团队。

二、创新创业教育问题产生的原因

（一）外部环境因素

1. 社会环境

（1）政策环境。

随着信息化浪潮与人工智能技术的不断成熟，市场需求进入了时变时新的相对不稳定状态，而创新创业活动需要承担这种高风险，创新创业政策环境的优化，有助于参与者减少风险、降低成本，激发人们的热情。同时，教育科研管理体制方面的改革、知识产权的保护、改变户籍政策对人才流动的束缚等，更能够全力助推人才积极性的发挥。就目前来看，出台的一系列学生创业扶持政策，主要是对毕业生的激励，以及对加入创业孵化基地的项目的扶持，对于受教育阶段的广大在校生却鲜有帮助。但从创新创业教育的普惠性教育目标来看，在校阶段的创新创业活动都需要实践支持，在模拟创业培训中许多学生萌生了实际创业的想法，但出于自身专业性限制，经营领域相关优惠政策不完善，审批程序复杂，最终只能放弃。况且，鼓励创业的政策性措施是短期的阶段性的产物，政策环境的优化更期盼的是符合长期发展战略的体制建设。

从数据层面来看，清华大学二十国集团创业研究中心发布的《全球创业观察（GEM）2018/2019 中国报告》就以中国和 G20 经济体创业活动的质量、环境和特征为主线，结合中国十年间创业质量的变化，对中国和 G20 经济体的创业活动进行了分析。报告指出，中国创业环境的综合评价得分为 5.0 分，在 G20 经济体中排名第 6，处于靠前位置。报告认为，有形基础设施、内部市场活力以及文化和社会规范是中国创业环境中具有优势的方面，而学校创业教育、研发转移以及商业和法律基础设施是中国创业环境中的相对短板。值得注意的是，中国的商业和法律基础设施得分是G20经济体中该项得分的最低评分。也就是说，在中国创业活动的创新能力和国际化程度不断提高的同时，政策法规没能及时跟上。完善创新创业教育体系是我国经济和社会发展的需求，也是学生形成创新创业思维方式和理念、实现个体可持续性发展的必需。

（2）社会导向。

虽然我国近年来不断推进创新创业教育，制定了一系列鼓励政策，但中国自古以来的社会经济结构决定了我们传统文化中安居乐业、回避风险、追求秩序与安稳的价值取向，社会上对于主动挑战却又冒险失败的创业行为相对包容性较低，对于企业家精神的认同度不够，没能形成良好的崇尚创业、鼓励创业的社会大环境。社会对于教育价值的判定，还停留在固有的升学、考研、攻博，然后"学而优则仕"的思想观念中，认为学生毕业后就理当找份体面工作，进入事业单位最好是政府机关，才算是成功的学有所得；而学生自主创业风险太大，只能不得已才为之，甚至不能被周围的人所接受，导致很多学生直接放弃了原有的创业想法。

传统的教育模式也在无形中制约了学生的创新创业行为，我国主要以应试教育为主要模式，后来提倡的素质教育在升学压力之下也多半流于形式，学生没有主动学习的能力与习惯，对于事物的见解基本来源于课本知识的传授，而不是出自实践体验，从而缺乏创新意识及实操能力，"再穷不能穷教育，再苦不能苦孩子"的呵护，更导致许多学生缺少主体意识与责任担当，团队意识差，经不起失败，创业精神匮乏。同时市场经济秩序的不规范，相对薄弱的市场诚信约束机制，也给学生创新创业增加了障碍，打击了学生创业的信心。

培养学生的创新创业能力对促进社会发展、推动经济结构升级有着重大意义，仅有学生为实现个人价值而生的自我认同是不够的，更需要社会认同，营造和谐友好的创新创业环境。

(3) 家庭影响。

家庭是学生个体成长的最主要场所，家庭教育直接影响着个人性格的形成及心理状态。家庭是学生个体在成长阶段与社会文化接触的中介，父母是最重要的启蒙教师，父母的教育直接关系到学生对社会文化的理解程度，父母的职业经历与择业观关系到学生职业生涯规划的方向。

在家庭教育中，家长认为孩子成长中最重要的是健康安全，家长大多以沟通说教为主，不愿意孩子进行任何具有危险性的尝试实验，这抑制了孩子天然的好奇心。并且受传统思想影响，通常家长也偏向于稳定保守的就业取向，孩子进入公职单位或企事业单位就是最佳工作，不必要去创业受苦、承担风险。因此，大部分家庭教育中缺少对敢于实践、勇于尝试、勤于思考的指导，这使大多数学生缺乏创新精神及创业意识，缺乏创业实践热情。另外，学生筹集创业资金也需要家庭帮助，如果家长不支持，那学生无论是在精神层面还是物质层面，都会大受打击，不能顺利进行创新创业，以致放弃。

家长除了关注个体健康安全外，还应在家庭营造和谐民主的温馨氛围，积极培养孩子的创新能力，这有利于孩子人格的完善。家长应鼓励孩子发现问题、分析问题、解决问题，全面综合发展，这能保证孩子将来更快适应社会环境，成为新时代社会经济发展的人才保障。

2. 学校环境

我国创新创业教育开展较晚，从学校层面到广大师生还没有引起重视，尤其在以创新创业比赛驱动教学改革的执行过程中，学校在理念和实施上存在着误区，师资力量与配套资源建设不足，无法达到良好的培养效果。

(1) 管理认识不到位。

鼓励创新创业已经成为国家战略，然而在学校层面理念存在错位，把创新创业教育简单地看成职业生涯规划工作的一部分，在对学生就业双选的指导上重视度高，引导学生树立正确的择业观，在个人能力上投注相当大的教学力量以使学生适应岗位需求，但没能及时把培养学生创新思维与创业意识提到同等重要的高度，学生毕业时自主创业和岗位创新并不是他们的主流思想。

在管理认识层面，只看到了国家在学生创业扶持政策中以创促就的部分，没有深刻认识到创新型人才培养对支持国家战略、对社会经济的作用，工作重心只放在了与创业行为有关的心理引导、创业政策分析上，没有形成合理有序的创新创业教育体系，针对全国和其他各级学生创新创业大赛，举办讲座、开展相应培训，但在教学过程中没有面向全体学生的有序引导，不利于激发学生的创造潜力。

在校园文化建设过程中，没有融入创新创业文化，培养目标、评价体系中也没有体现对创新意识、创业精神的激励导向，校园内欠缺勇于探索、敢于实践的创新创业文化氛围，导致学生动力不足。没有建成融入创新创业教育的人才培养体系，主要是面向高年级学生开设了创业教育课程，没能从基础知识、实践技能、素养能力等方面全面提升学生素质，教育水平不能达到预期效果。

在管理认识的转变中，需要采取多种措施，创设良好的文化氛围，有效保证对学生勇于创新、敢于创造、乐于创业的激励，激发学生潜力，提升教育水平。

（2）配套建设有脱节。

创新创业教育是分阶段分层次的培育受教育者创业意识、创新精神和创新创业能力的教育，目前各学校的教育缺乏系统性和连续性，不能完全达到预期效果。

在学科建设上，双创教育与学科专业教育没有形成有机整体。缺乏系统性和针对性的学科规划，没有把双创教育纳入人才培养体系中，只在选修课或社团活动中开设教育活动，使得双创教育游离在学科专业之外，成为非必需的教育活动，直接影响了教学质量。开设的双创教育以理论讲解为主，实践操作不足，知识结构配置缺乏整体考虑，创新创业技能培养不足，不能在提升学生创新创业能力上收到预期的成效。应当将创新创业教育融入学生培养的全过程，渗透到专业教育中，结合学科特点向学生传授知识与技能，并引导学生开展有效的实践，进行课程体系改革，才能使双创教育真正促进学生能力成长。

双创教育的课程体系不够完善。在课程设置上，对于双创教育课程的特点、地位以及与其他课程之间的关联没有研究透彻，存在双创教育课程没有面向全体学生、总课时不足、课程实践环节不足等问题。系统性的创新创业教育需要结合学校自身特点与专业特色，开设融合性的课程，但目前有的学校没有开设专门的创新创业课程，有的学校忽视了课程重要性，仅将其开设为选修课，有的学校仅在电子商务、管理等专业中开设笼统的理论课程，开设的实践教育课程极少，不完善的课程体系无法通过递进式的引导来培养学生的双创能力。在教学设计上，课程模式单一、教学方法没有新意。双创教育需要理论与实践并重，尤其是实践部分，除了仿真实操外，咨询指导、经验座谈等形式也是让学生直观了解创新创业过程和方法的有效措施。但当前有的学校教师自身实践经验不足，再加上双创实践平台建设不到位，教师只能在课堂中向学生传授创新创业知识，既不能切合职业发展开展创新实践，也不能对市场风险形成感性认知。

配套的课程资源、物力资源有限，开发不足。没有建立长效机制，使得经费投入没有持续保障，没有进行系统性的课程资源开发。现有的创新创业课程，主要脱胎于商务管理类专业的企业管理、市场调查等课程，有些培养目标不够具体，教学内容以笼统的政策介绍为主，没有与学生所在学科专业形成良好的融合渗透，有些仅注重毕业前训练，向学生介绍管理学知识和市场风险意识等，断崖式的突击学习缺乏递进式的能力培养过程。课程资源的缺乏在与专业的融合上、与学生知识体系构建过程的匹配上都出现了脱节。学校实践资源及硬件投入不足，没有现代化的教育技术支撑，实践设施落后于社会发展，双创教育不能给予学生生动形象的认识，学生能力水平提升有限。

(3) 师资力量没跟上。

教师对创新创业教育认识的偏差，以及教师能力本身的欠缺制约了教师在双创教育工作中的发挥。由于双创教育教学体系不完善，间接导致教师把教学目标错误定位成为促进就业而开展的创业教育，在任课资格上过度倚重于专职创业讲师，忽略了双创教育的专业性与实践性，而且双创教育不够明确的职业前景也难以激发教师的工作热情与主动意识，教师不能积极在学科教学内容中融入创新创业教学内容，学生不能接受系统性培养。

创新创业教育涵盖的知识面极广，对学科融合性及实践性要求很高，除了专业知识技能之外，还需要管理学、心理学知识，以及丰富的创新创业实践经验，比起仅有创业管理知识的培训讲师，专业教师经过专门培训后更能胜任教学工作。但就目前学校师资情况来看，教师几乎都是在高校完成学业后直接任教，理论知识扎实，在个人专业领域有很扎实的专业基础，但是实践经验与社会工作经验不足，可以说既没有创新创业实战经验，也没有企业研发经历，对双创教育大多停留在表面认识上，欠缺跨学科知识融合经验与实践经历，对市场变化趋势及创业风险缺少感性认识，导致教师教学能力不足。

在职业发展上，即便教师自身能力在初始时有所欠缺，也可以通过最常见的职后继续教育与培训活动来进行提升。从目前来看，各级别、各专业门类的培训种类丰富，但针对双创教育课程教授以及教师能力提升的活动相对匮乏，学校与企业之间也没有为教师打通获得工程实践经验的有效渠道，导致教师自我提升不足。

（二）个人自身因素

大学生创新创业成功与否，除了受外部环境因素的影响外，其自身的综合素质与能力，也是重要的影响因素。据麦可思《2019年中国大学生就业报告》，2018届大学（包含本科及高职高专）毕业生自主创业比例为2.7%，而2015届毕业生在三年后有44.8%的人仍坚持自主创业，也就是说就业存活率仅在四成左右。认清学生自身因素对创新创业造成的影响，才能制定有效对策，保持学生创新创业热情，提升成功率。

1. 学业素养

学生在传统学科教育的教学过程中，养成了在课堂上被动接受知识的习惯，对于升学考试之外的知识接触少，知识面偏窄。这就造成学生缺乏主动学习的能力，逻辑思辨能力弱，也很少有机会去研究自己感兴趣的领域。在这种情况下，学生不能完全理解内化知识，对专业知识技能掌握不充分，也没有时间去尝试灵感想法，也就不能把专业知识技术熟练运用到创新创业中去。

强调书面理论教学，虽然能使学生具备知识优势，但没有充足的操作练习，学生缺乏实践经验，就找不到提升创新创业能力的入手点，在着手创新创业工作时，计划不够全面、系统，对市场前景不能准确评估，观点过于乐观，冲动性的投入造成更多的失败。同时就学生心理而言，受物质水平高、家庭过多宠爱的影响，学生大多以自我为中心且缺乏独立性，在创新创业尝试中合作协调能力不足往往陷入单打独斗的困境，遇到挫折容易气馁，阻碍了自我发展及职业前景。

2. 创新创业素养

创新创业是一项需要参与者具有能力、魄力、执行力等全方位综合素养的挑战性活动，除了学业成绩外，更需要创新思维、创业精神等创新创业素养，需要面向全体学生从全面发展的角度进行培养。首先，要在专业知识的基础上累积充足的双创知识，除了经营管理、政策法规等理论性知识外，还要能将专业知识与职业发展结合起来，敏锐寻找创新机会及创业机遇并付诸行动。其次，在实践活动中，个人主观意识相当重要。是否具备艰苦开拓、合作进取精神和风险规避意识等，都会影响学生能否顺利开展创新创业活动。能够踏踏实实地做好市场调研，清晰地认识市场动态，在与同学或者亲朋合作时，决策有力，注意均衡互补，遇到问题时职责明晰、勇于承担，灵感受阻时能贴合消费需求重获商机、研发相应产品，需要打开销售渠道时能正确应对复杂的社会关系。创新创业素养仅仅依赖课堂教育，由教师讲授，是不可能学到的，必须在社会与学校营造的完善的创新创业环境下，学生积极参与实践教育活动，不断接受检验，不断突破，才能真正提升，把兴趣转换成动力，把动力转换成能力。

第二节　创新创业教育与专业教育的融合发展

职业教育中的单纯学科专业教育，已不能完全匹配社会经济发展对人才的需要，创新创业教育向传统的专业教育渗透融合，既符合社会经济发展要求也顺应教育变革趋势。由注重知识传授向注重创新精神、创业意识和创新创业能力培养的转变，由单纯面向有创新创业意愿的学生向全体学生的转变，将切实增强学生的综合能力，适应"大众创业、万众创新"环境下的市场竞争。

一、创新创业教育与专业教育融合的切入点

（一）在课程中体现理念创新

以创新创业教育与专业教育相融合的理念指引课程体系建设，注重面向全体学生的知识传授，保证在实践中体验，在过程中培养，在课程中体现融合特征。

结合专业群特点，在现有专业课程内容的基础上开展双创教育，依靠教师挖掘原有课程中的双创元素，开发适合不同学生群体的课程内容与实践案例，在专业基础学习中培养创新思维，在专业项目研发中培养跨学科融合思维等创新创业素养。在原有人才培养方案的基础上，设置独立的创新创业课程，基于特定行业的视角，将创新创业的基础理论知识和政策法规等内容纳入课程中，开拓专业学习范围。增设创新创业知识与不同类别专业知识互补的选修课，向不同专业学生提供本专业学科领域知识技能之外的多学科知识。

（二）从项目中寻求师资提升

要让双创教育向前发展，需要向内加强教师培训、拓展校内活动，向外引进企业导师、吸收项目案例。校内师资是职业学校创新创业课程的主要执行者，专业教师的教育理念、知识技能储备与实践经验，决定了双创

教育的实施成效。

重视双创师资建设,做好梯队建设,选拔并重点培养专业带头人,抓实骨干教师的数量与质量,加强教师双创教育教学能力的培养。让教师有机会从实践活动中体会创新创业理论和方法,为教师提供实用型培训,鼓励教师到企业进行顶岗锻炼,并出台鼓励政策。比如在职称晋升时的考核优待,使教师有足够的经验和积极性去参与双创教育。拓展校内活动,在必修课程、社团活动、科技节竞赛等不同场景中,由教师指导学生合作进行真实项目研究,提升教师教学能力。引进企业导师,聘请中小企业创始人和工程技术人员等有实践经验的工作者带着实际项目走进课堂,扩大兼职教师队伍,为学生提供真实创新创业的实践机会,弥补专任专业教师在实践经验上的不足,形成校内外多元联动的"双师型"师资队伍。

(三) 在实践中获得体验感悟

在课程体系中设计足够的实践体验环节。在必修课程中,纳入市场调研、行业分析、专业数据检索等实践活动,让学生有机会深入了解专业市场趋势、职业岗位需要,结合自身特点选定专业方向;校企合作、产学研用一体,在实践教学中引入产品研发实际案例,开展跨学科的创新社团活动,专业教师指导学生参与项目,激发学生能力,夯实双创必备的技能基础;开放实验实训室,鼓励学生合作参与专业技能与创新创业竞赛,体验专业实践中的创新创业;依托创业孵化等平台,对接社会服务,由专业教师和企业导师共同指导学生将创意物化,在实战中体验双创的辛苦与成功的喜悦,提高学生走向社会的适应性与灵活性。

(四) 用平台来配置整合资源

构建有利于创新创业教育融入专业教育的校内外实践实习平台,整合校内外资源,并进行合理配置。校内实训基地除了用于专业教育外,还可以开发实验实训室的创新创业教育功能,增设众创空间、创新工坊等,在课堂学习以外开展具有双创教育功能的社团活动,让学生在实践中激发自身的创新创业意识。充分发挥地方产业优势，与企业共享专业资源，建立校企合作研发中心，引导师生融合产业特色进行技术研发，并实现成果转化。校企共建实习基地，为学生进行专业顶岗实习提供场所。

二、职业学校创新创业教育与专业教育的融合策略

（一）革新教育理念，做好机制建设

结合职业学校的办学特点，整合良性资源，打通学习通道与实践场所，扩大创新创业教育的覆盖面，促进和专业教育的深度融合，让学生在学习实践中掌握专业技能、激发双创意识、提升双创能力，从产业需求中开发创研项目，协同共享实践平台，促进成果转化，推动人才培养模式改革。

1. 转变育人理念

创新创业人才培养依据国家战略与社会教育观，人才培养理念应与时俱进，呼应时代发展要求，满足现代产业高质量发展诉求。职业学校要适应新时代职业教育发展理念，深刻理解双创教育与专业教育的本质，厘清两者关系，树立融合发展理念。

一是要提高对育人目标的认识。双创教育核心在育人，是以提升学生素养与能力为目标的非功利性综合性教育，与专业教育互为补充与影响。双创教育与专业教育均兼顾学生的素养与技能养成，其育人目标一致、培养逻辑契合。院校相关职责部门应转变教育理念，把握社会经济和科学技术的发展趋势，立足专业教育提供的平台基础，从学生个性特点出发把创新意识和创业精神的培养纳入专业人才培养质量考核，提升职业教育质量。

二是要把握融合育人的方向，避开工作误区。不能功利性地把双创教育仅仅看成一种拓展形式，导师在课外带着少数精英学生做项目、冲比赛，或者带着学生开公司。更不能片面化地把教书育人解读为必须灌输知识才是教学，忽略能力的养成，或者把"创新"简单地等同于"造新"，

缺少思维、意识的培养。院校应转变工作理念，厘清双创内涵，以创新为核心，以创业为引导，以专业教育为基础，参考行业企业用人需求，在课程教学中渗透双创培养，修订人才培养方法，引进企业实际项目，改革课程体系。通过专创融合的系统化培养，学生在学习实践过程中，既能学有所得，掌握知识、把握技能，更关键的是在贴合专业的实践中，学有所获，培养综合应用跨学科知识技能应对现实问题挑战的方法和思维习惯，满足社会发展需求。

2. 加强顶层设计

培育人才，需要多角色担责、多角度进行，国务院"职教20条"推动职业教育迈入黄金发展期，鼓励社会力量参与办学、推动双师型教师建设，职业学校应在政府指导下，主动做出变革，加强顶层设计，开展专门研究，从组织、制度、校企协作、师资培训等方面出台相应措施，落实工作，保证双创教育与专业教育深度融合。

一是健全管理组织架构，形成权责清晰的双创人才培育工作机制。成立专门的双创教育工作领导小组，学校领导、主管部门、专业院系负责人各担其责，审定工作制度，建设关于学分置换、知识产权责属、学生项目扶持、团队建设、课程开发管理等科学的制度体系；工作小组专门下设管理办公室，根据制定的工作方案承担教育规划、实践训练以及组织竞赛、项目孵化等管理服务工作，保障管理制度执行到位。

二是增强主体意识，深化校企互利合作，建设长效育人机制。实行专业全覆盖，邀请行业企业深度参与到人才培养全过程中，制定配套合作管理制度，校企共建实践基地、共建课程体系，落实合作保障。遵循学生能力发展规律，加强专业人才培养方案中学生的双创素养培养要求，充分考虑职校生的能力分层，在不同专业进行分类教学，促进教育链与产业链的有机衔接。完善人才引进与兼职聘任机制，吸收行业专家、企业人才，与专职教师共同组建高水平师资团队，满足学生个性化发展需要，促进专业教育与创新创业教育的有机融合。

(二) 创新人才培养方案

顺应社会经济发展趋势，把握新时代职业教育的发展方向，多元主体联合育人，服务于发展、服务于促进就业，突出把双创核心能力与素质要求融入人才培养目标，将双创教育理念及内容贯穿人才培养全过程，依托专业群合作，以融合理念为指导，制定人才培养方案。

根据学生发展规律，分阶段分层次，从培养目标、课程内容、教学资源、教学空间、评价标准等维度上实现全面融合。开展面向专业群的培养需求调研，将双创"整合能力、团队协作能力"等核心能力及素质类别与职业技能、素养要求相融合，制定具体培养目标。借鉴企业的人才培养方式，在专业教育课程的基础上，将市场需求、双创项目与课程体系相融合，引入真实项目案例，并通过延展到社团、选修课等教育活动中开展跨学科的双创活动。采用协同共享的方式提高资源的运用效率，将校内外的物力资源、跨专业的专业实验室等实践资源、跨平台的双创服务资源，面向全体学生开放，满足不同层次的学习需要。充分利用现有平台强化双创实践教学，专业层级有实验实训基地、学校层级有众创空间、校企合作层级有研发中心，社团和工作室用于项目的开发，训练营和工作站用于项目培育，最终有不同方向的专门孵化空间，从双创培养的全环节促进教学模式改革。尊重学生的个性发展需要，真正把双创教育渗透到人才培育的全过程，培养符合新时代要求的人才。专创融合下的创新创业人才培养模式如图 2-1 所示。

(三) 深化课程体系建设

围绕提升全体学生综合能力与素养的育人目标，根据各专业人才培养方案，逐步从课程内容、课程结构、教学方式等各方面理顺内在逻辑关系，面向实践，构建递进式的课程体系。

一是优化课程内容。首先对接专业群，根据行业产业的个性特征，开发双创启蒙通识课程，实现双创精神培育的专业全覆盖，使学生"知创"。其次开设不同专业背景下的融合型课程，修订专业核心课程标准，挖掘专

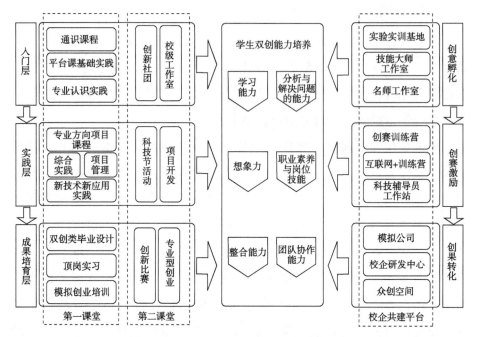

图 2-1 专创融合下的创新创业人才培养模式

业知识中可以渗透的双创知识及技能点，并引入行业典型案例，利用实训室资源和企业资源推进实践教学，将思维能力培养融于专业技能教学中，使学生"敢创"。最后引入企业技术项目，开设协同定制课程及特色创新选修课程，并建设创业基地孵化平台，增加实战演练，使学生"能创"。

二是丰富课程结构。构建模块化、阶梯式的课程体系，在平台课程中增设通识课程、培养职业素养与创新精神，在专业方向课程中强化实践，通过模拟项目开发及科技活动训练创新方法与实践技能，在实战培训与项目研发中推进成果孵化；理论课突出学科交叉、知识结构拓展，实践课突出真实情境活动，做到面向全体学生实施双创教育，结合专业实现双创实践，并尊重学生意愿进行个性化教育。

三是变革教学模式。兼顾专业教育侧重的知识完整性与双创教育侧重的创新性，增加实践实战课程的比重，以项目为载体，根据产业和市场的发展变化，动态化引入企业需求，依据工作过程组织教学流程，在真实的工作场景中激发学生热情,并鼓励学生开展跨学科的探索活动,积累工作经验,达到双创培育目标。

(四) 优化实践实战体系

专创融合的目标,不仅在于使学生掌握知识技能,更重要的是在实践中获取经验、培养能力。坚持理论探讨与实践探索相结合的课程改革路径,在满足专业规范的前提下,考查行业要求,在课程教学内容中强化实践实战环节的设置,通过校企联合加强实践基地建设,打造与课堂实训相融合的双创实践平台,并合理利用国家与地方开设的创新创业平台,打通成果孵化渠道,促进专创融合教改发展。

一是根据专业特色建设实践教育平台。与行业标杆企业签署校企合作框架协议,共建人才培养基地。引进企业项目设备资源、真实项目等,创设符合工艺流程的实训环境;完善嵌入职业技能点的专业实训室,与包括技能工作室、校企研发中心的双创实践平台相融合,根据功能划分成工程实践中心、生产研究中心与科创孵化中心,同时满足专业技能训练与跨学科科研活动的需要。

二是完善科研服务平台,促进成果转化。将企业真实问题和任务转化为学生实践项目,课堂即工场,使学生训练结果从作品转化为产品,服务小微企业的技术研发与产品升级需要;学校完善管理制度,提供资金、技术指导等支持,将学生实践创新项目转化为创新成果,输送到各类竞赛活动中进行展示检验,使专业结合实践、融合创新,从而提升学生的创新能力。

三是创新工程教育模式,丰富双创实践活动。举办创业讲座,聘请专家传授创业经验;在专业课程学习中开展项目实践,使学生在探究学习中养成创新思维意识;探索成立双创科技社团,鼓励学生参与创新探究课题,通过学校科技节等全面性科教活动,挖掘合适的创意并开发为创新项目,形成方案并开展科研实践;为学生提供创业实践机会,开展模拟公司运营,学生全面认识企业的工作架构、经营管理思路、财务工作等,让学生融入实战场景中;组织学生队伍参与创新创业大赛,以赛促学、学以致用，推动教育改革，全面锻炼提升学生的双创能力。

（五）强化师资队伍建设

加快建设高素质、专业化的校企协同双创教学团队是全面推进落实专创融合的关键所在。职业学校应坚持产教融合，把握合作共享的时代精神，整合优质的校企资源，制订专门管理、培养计划，共建优质双创导师资源，优化师资的队伍结构。通过多维度的师资队伍建设，丰富教师的双创理论知识和实践经验，提升教师的双创素养。

一是完善双创导师聘用制度，打造多元化跨学科教学团队。引进行业企业优秀人才，特别是技术创新人员和创业典型，作为学校双创导师或实践课程兼职教师，全面参与学校教育活动。由这些专业人才以自身成功案例为示范，传授双创理念与方法，拓宽学生的思维视野，弥补专业教师实战经验的不足，提升专业教师的双创教育能力。实现校企优势互补的师资队伍，还可以根据社会人才需求，开展研讨活动，在专业课程的教育教学活动中，推动专创向纵深融合发展。

二是加强专业教师的进修培训及梯队培养。选派创新意识较强的中青年教师参加系统培训和进修，学习理论、参加实践，提供专创融合课程研究的指导帮扶，组织企业能手、科研专家定期与学校教师开展学术交流，以老带新打造高素质教师团队。强调专业教师在专创融合教学中的主力军角色，采用多种形式提升团队的教育教学能力，除了课程教学活动外，鼓励教师参与或指导学生参与竞赛和项目开发，培养真正的双师型教师。

三是增强校企合作，制定教学考核激励措施，输送教师到企业兼职锻炼，参与企业项目孵化，接受企业的创新创业实践指导。实现教学科研联动，将教师参与的科研项目、横向课题转化为教学内容，在教学互动中培养项目，用项目的成果经验带动教学，在提升教师服务社会能力的同时促进教师双创教育能力的发展，推进协同创新。

第三章 机制建设：双创人才培育模式创新

第一节 职业学校双创教育的发展历程和趋势

一、历史发展

职业学校双创教育的目标是培养适应市场需求的专业人才，更加注重实践性和应用性，在创新创业大潮的背景下，职业学校的双创教育可以更好地为产业升级和人才培养服务。2015年，教育部印发了《高等职业教育创新发展行动计划（2015—2018年）》，全面系统布局高等职业教育改革发展，明确提出了加强创新创业教育的要求。2018年，教育部印发《中等职业学校职业指导工作规定》（教职成〔2018〕4号），将开展创新创业教育定为中等职业学校职业指导工作的一项主要任务。2019年，教育部印发了《国家职业教育改革实施方案（职教20条）》（国发〔2019〕4号），把奋力办好新时代职业教育细化为具体行动，把职业教育摆在更加突出的重要位置。2020年，教育部等九部门印发《职业教育提质培优行动计划（2020—2023年）》（教职成〔2020〕7号）的通知，明确提出进一步提高职业教育体系效能，稳步发展高层次职业教育，培养高素质创新型技术技能人才。

近年来，职业学校创新创业教育也出现了一些新的发展趋势。一方面，随着信息技术的发展，创新创业教育逐渐向数字化、智能化方向转变。学校建设了线上创新创业平台，为学生提供线上创新创业课程、线上创业实践等服务。另一方面，职业学校创新创业教育开始注重学生的创新实践能力培养，强调"学以致用"，让学生通过创业实践，将理论知识运用到实践中，提高创新创业能力。

在政策法规鼓励支持、产业升级调整和科技应用推广等多种因素的推动下，我国职业学校创新创业教育经历了从起步阶段到逐渐完善的发展历程，取得了一定的成效。未来，随着社会经济的不断发展和国家政策的不断推进，职业学校创新创业教育将继续向更加深入、广泛、多元化的方向发展。

二、政策支持

政策支持是职业学校双创教育发展的关键。我国出台了一系列相关政策，如《职业教育法》《国家职业教育改革实施方案》（国发〔2019〕4号）等文件，鼓励职业学校推进双创教育。同时，政府还提供了一系列资金和资源支持，如创业扶持基金、创业创新导师制度等。以下是职业学校创新创业教育的主要支持政策：

国家层面的支持：国务院办公厅印发了《关于深化高等学校创新创业教育改革的实施意见》（国办发〔2015〕36号），明确提出支持职业学校开展创新创业教育，推动职业教育转型升级和创新发展。

教育部层面的支持：教育部制定了一系列文件，包括《职业教育提质培优行动计划（2020—2023年）》（教职成〔2020〕7号）等，对职业教育创新创业教育给予政策上的大力支持。

地方政府层面的支持：各地政府对职业学校创新创业教育也给予了积极的政策支持。例如，《江苏省"十四五"教育发展规划》（苏政办发〔2021〕115号）中就指出职业学校要加强创新创业教育的开展，将创新创业教育纳入人才培养的全过程，并通过建设创新创业实践基地和推进校企合作等方式，提高学生创新创业能力。而《江苏省"十四五"教育信息化发展专项规划发布》中更是提出职业学校要通过信息化手段，促进创新创业教育的开展，推动"互联网＋"和"人工智能＋"等新技术的应用，培养适应产业升级和转型的创新创业人才。

财政资金支持：政府还为职业学校创新创业教育提供了资金支持，例如，国务院2010年发布的《国家中长期教育改革和发展规划纲要（2010—2020年）》，该规划纲要明确提出要加大对职业教育的财政投入，推动职业教育改革和发展，为创新创业教育提供支持。

政策措施的推动：政策措施的推动也给职业学校创新创业教育带来了很大的推动作用。例如，中央提出的"双创"政策，要求支持大众创业、万众创新，为职业学校创新创业教育的推进提供了政策支持。国家/省级行政部门出台的相关创新创业教育政策文件汇总如表3－1所示。

表3－1　国家/省级行政部门出台的相关创新创业教育政策文件汇总

序号	文件名称	文件编号	出台年份/年
1	教育部关于大力推进高等学校创新创业教育和大学生自主创业工作的意见	教办〔2010〕3号	2010
2	中等职业教育改革创新行动计划（2010—2012年）	教职成〔2010〕13号	2010
3	国家中长期教育改革和发展规划纲要（2010—2020年）	无文件编号	2010
4	普通本科学校创业教育教学基本要求（试行）	教高厅〔2012〕4号	2012
5	关于深化高等学校创新创业教育改革的实施意见	国办发〔2015〕36号	2015
6	高等职业教育创新发展行动计划（2015—2018年）	教职成〔2015〕9号	2015
7	国家职业教育改革实施方案（职教20条）	国发〔2019〕4号	2019
8	职业教育提质培优行动计划（2020—2023年）	教职成〔2020〕7号	2020

续表

序号	文件名称	文件编号	出台年份/年
9	江苏省"十四五"教育发展规划	苏政办发〔2021〕115号	2021
10	中等职业学校教师专业标准（试行）	教师〔2013〕12号	2013
11	江苏省"十四五"科技创新规划	苏政办发〔2021〕62号	2021
12	江苏省高等学校大学生创新创业训练计划实施管理办法（试行）	无文件编号	2008

总的来说，政策支持是职业学校创新创业教育发展中非常重要的一环。政策上的大力支持和资金投入为职业学校提供了更好的发展环境和条件，也为学生的创新创业实践提供了更多的机会和支持。

三、师资培养

师资培养是职业学校双创教育的重要环节。职业学校需要对教师进行相关的双创教育培训，提高他们的创业意识和创业技能，以更好地指导学生。同时，职业学校还需要引进一些创业导师和专业人士，为学生提供更全面的指导。

职业学校创新创业教育的师资培训是教育部门和职业院校一直重视的一个方面。为了提高职业教育教师的教学水平和创新创业能力，各级政府和职业学校都开展了一系列师资培训活动。

首先，教育部在全国范围内推行了职业教育教师继续教育制度，2011年教育部发布了《教育部关于进一步完善职业教育教师培养培训制度的意见》（教职成〔2011〕16号），要求职业教育教师每五年应累计参加不少于360个学时的继续教育培训。同时，2018年国务院《关于全面深化新时代教师队伍建设改革的意见》中提出要加强职业教育教师队伍建设，强化教师创新创业能力培养，鼓励职业学校教师参加企业实践，提高教师的实践教学能力和创新创业能力，通过开展创新创业教育课程、组织教师参加各类创新创业比赛和培训等方式，提高职业学校教师的创新创业能力。

其次，江苏省在职业学校创新创业教育师资培训方面也做了很多工作。江苏省教育厅在 2017 年开展了职业学校创新创业教育能力提升工程，通过组织职业学校教师参加创新创业培训班、组织创新创业教育案例研讨会和名师授课等方式，提高职业学校教师的创新创业教育能力和水平。

此外，各级政府和职业学校还通过开展职业教育教师培训班、举办创新创业教育教师研讨会等方式，不断加强职业学校创新创业教育的师资培训。通过这些培训活动，职业学校的教师们能够更好地掌握创新创业教育理论知识和实践技能，从而更好地推进职业学校创新创业教育的发展。

四、课程建设

（一）职业学校创新创业教育课程建设的重要性

课程建设是职业学校双创教育的核心。职业学校需要根据学生的专业特点和市场需求，设计相关的创新创业课程，培养学生的创新创业能力和实践能力。此外，职业学校还需要建立创新创业实践基地，为学生提供实践机会。职业学校创新创业教育的课程建设是创新创业教育体系中的一个重要方面。

职业学校创新创业教育的课程建设是推动其发展的重要方面之一。近年来，随着创新创业教育的普及和深入，职业学校课程建设也不断发展，并取得了一定的成果。

（二）政策和学校自身努力对职业学校创新创业教育课程建设的推动

在国家层面，教育部印发了一系列文件，提出了创新创业教育课程建设的要求和指导，推动了职业学校的课程建设。例如，《关于深化现代职业教育体系建设改革的意见》中提出要开展创新创业教育课程体系建设，推进创新创业教育课程的设计、开发和实施；《中等职业学校教师专业标准（试行）》（教师〔2013〕12 号）则明确了职业教师应该营造勇于探索、积极实践、敢于创新的氛围，培养学生的动手能力、人文素养、规范意识和创新意识。

江苏省也出台了一系列文件和政策，首先加强职业学校创新创业教育课程建设。例如,江苏省教育厅出台的《江苏省"十四五"科技创新规划》要求职业学校要按照标准要求,加强创新创业教育课程建设,增加创新创业实践环节。同时,江苏省职业教育"双师型"教师培训项目也重视创新创业教育课程建设,加强了师资培训,提高了职业学校教师的教学能力和水平。

除了政策支持外,职业学校自身也积极推进课程建设。一些职业学校注重与行业合作,开发实用的创新创业教育课程,提升学生的实践能力和职业素养;一些职业学校也加强了课程的实践性,开设了实践性课程和实践性教学环节,让学生更好地掌握实际操作技能和应用能力。

职业学校创新创业教育的课程建设是一个不断发展的过程,需要政策支持、学校自身努力和师资培训的支持。通过不断完善和优化创新创业教育课程,可以更好地培养职业学校学生的创新意识与能力。

(三) 创新创业教育课程建设的两个方面

在职业学校创新创业教育课程建设方面,一方面是要将创新创业理念融入现有课程中,另一方面也需要针对创新创业教育的特点开设新的课程。

针对前一方面,一些职业学校通过对现有课程的调整和改革,将创新创业的理念渗透到教学中。比如,江苏信息职业技术学院通过调整课程设置,将创新创业教育融入学科教学中,实现跨学科的创新创业教育。另外,一些学校也通过开设跨学科的综合实践课程或者专门的创新创业课程来加强学生的创新创业能力。例如,江苏省扬州市职业大学开设了"创新与创业"课程,通过讲授创业教育基础知识、分析创业案例和创业实践环节等方式,提高学生的创新创业能力。

在新课程的开设方面,职业学校也纷纷增设创新创业相关的课程,以满足学生的需求。例如,无锡机电高等职业技术学校设立了"互联网+创新创业实践"课程,重点介绍"互联网+"时代下的创新创业机会和策略,培养学生的创新创业意识和能力。另外,一些学校还开设了创新创业实践课程,通过实践项目的设计、策划和实施,锻炼学生的实践操作能力和团队协作能力。例如，南通职业大学"创新创业实践"课程中，学生需要组成团队，根据自身兴趣和特长，设计并实施创新创业项目，从而提高创新创业能力。

总的来说，近年来职业学校创新创业教育的课程建设得到了快速发展和不断完善。学校通过调整现有课程、增设新课程以及实践课程等方式，将创新创业教育融入教学中，培养了一批批具有创新创业能力的人才。

（四）职业学校创新创业教育的课程建设内容

职业学校根据不同专业特点，注重培养学生的实践能力和创新创业精神，将创新创业教育纳入课程中。其主要包括以下几个方面：

1. 创新创业类必修课程

职业学校在必修课程中增加了创新创业类课程，比如创新创业概论、创新创业管理、创新创业案例分析等。这些课程通过理论学习、案例分析和实践教学等多种教学手段，培养学生的创新思维和实践能力。

2. 创新创业类选修课程

除了必修课程外，职业学校还设置了创新创业类选修课程，让学生根据兴趣和专业需求选择适合自己的课程进行学习。比如创业计划书编写、营销策划、创新设计等选修课程，可以让学生更加深入地了解创新创业的各个方面，并在实践中不断提高自己的能力。

3. 实践性课程

职业学校还重视实践性课程的设置，比如创业实践、实习实践等。这些课程通过将理论知识和实践操作相结合，让学生在实践中更好地掌握创新创业的核心技能和知识，增强实践能力。

4. 课外活动

除了课程设置外，职业学校还注重开展创新创业类课外活动，比如创业比赛、企业参观、创业讲座等。这些活动通过让学生亲身参与到实际创新创业活动中，提高学生的实践能力和实际操作技能，培养学生的创新创业精神。

职业学校创新创业教育的课程建设是创新创业教育体系中的重要组成部分，通过多种方式培养学生的实践能力和创新创业精神，为学生的创新创业之路提供坚实的基础和支持。

五、比赛活动

比赛活动是职业学校双创教育的重要组成部分。职业学校可以组织各种类型的创新创业比赛，如创意设计大赛、创新创业大赛等，激发学生的创新创业热情和创新创业能力。比赛活动还可以为学生提供实践机会，帮助他们更好地理解和掌握创新创业知识。

职业学校创新创业教育的比赛活动是培养学生创新创业精神和能力的重要途径。在全国层面和江苏省层面，相关的创新创业比赛活动得到了广泛的开展和支持。

在全国层面，教育部主办的"挑战杯"全国大学生课外学术科技作品竞赛已经成为国内规模最大、影响最广的创新创业比赛之一。此外，全国中职学生技能大赛、全国职业院校技能大赛、全国职业院校信息技术应用能力大赛等都涉及创新创业项目的比赛。这些比赛活动的开展，有力地推动了职业学校创新创业教育的发展。

在江苏省层面，早在2008年，江苏省大学生创新创业教育公共平台就印发了《江苏省高等学校大学生创新创业训练计划实施管理办法（试行）》，要求加强高等学校的学科竞赛工作，其中包括创新创业类竞赛。近年来，为落实党中央国务院关于促进就业创业的重要部署，江苏省先后举办了江苏省职业学校创新创业大赛、江苏省"互联网＋"大学生创新创业大赛职教赛道（自2020年起合并为江苏省职业院校创新创业大赛）等赛项，这些活动已成为深化职业院校创新创业教育改革、促进职业院校学生全面发展的重要平台。

总的来说，职业学校创新创业教育的比赛活动在全国的开展，为学生提供了锻炼自己创新创业能力的机会。

第二节 职业学校双创教育的基本模式

一、创新创业教育课程教学基本模式

创新创业教育是指通过建立专业教育模式，培养学生的创新精神、创业能力等素质。课程教学是学生创业创新思想和实践的重要理论基础，是学生顺利实现创业目标的必要支持。2000年，教育部以《教育部关于加强高职高专教育人才培养工作的意见》（教高〔2000〕2号）为依据，充分考虑职业学校创业创新的实际需求，制定了一套全面的创新创业教育教学体系。这一体系涵盖了诸多方面，包括帮扶指导、文化引导以及实践活动等内容。至2021年，根据教育部《国务院办公厅关于进一步支持大学生创新创业的指导意见》（国办发〔2021〕35号），可以看到创新创业教育的教学目标已经基本实现。这标志着我们的职业教育在创新创业教育的道路上已取得显著的进步。

二、创新创业教育实践教学基本模式

创新创业教育的重点在于实践、实训，使学生不断开阔视野、积累经验。对此，大多数职业学校逐渐转变人才培养目标，将创业创新实践作为教学活动重点。目前，职业学校通过实施校企合作模式，围绕校外实训基地开展人才培养，引导学生围绕既定主题开展项目研究，逐渐形成了创业孵化园，为学生创新创业实践提供了有力支撑。此外，举办各类创新创业竞赛为学生提供了自我展示平台，不仅有效调动了学生创新创业的积极性，也能使学生的想法得以落地实践。

三、创新创业教育师资队伍建设基本模式

为了给职业学校创业创新教学活动的有效开展提供保障，应认识到教师在教学管理中的重要作用。在职业学校人事管理部门的指引下，各职业

学校应积极优化教师队伍，打造一支理论知识扎实、实践经验丰富、教学技术精湛的教育团队，为创新创业教学管理提供人力保障，以确保教育教学活动的顺利开展。同时，为进一步提高教师的教学能力，各院校依托校企合作平台加强教师培训，使教师的专业能力符合创业创新发展趋势，满足学生的实际需求。

第三节　产教融合创新视角下双创人才培养原则与策略

职业教育的"专业"来源于社会职业，是对社会职业群和岗位群所需共同职业资格的归纳，是对真实的社会职业群或岗位群所需的共同知识、技能和能力的科学编码。人才培养质量的提升是职业学校教学改革的最终目标。职业学校应根据产业转型升级实际，从整体出发加强顶层设计、对接产业要求，对专业设置、课程开发、基地建设、师资培养、文化培育、质量监控等进行优化架构；通过产教融合，实现双创人才培养，促进专业品牌化发展。

一、培养原则

（一）坚持全面育人的培养原则

对于职业学校而言，在"大众创业、万众创新"的大环境中，应当在培养学生的创新思维和创新能力方面下功夫，在实际操作过程中，要始终把握我国教育改革的最终目标，坚持全面育人的原则，对学生的道德品质进行锤炼，使其具备成为社会主义人才的基本素质；此外，也要加强学校思想政治教育工作，培养能够为社会主义事业自觉奉献的合格接班人。

（二）坚持人才需求导向的培养原则

职业学校培养人才，一方面，是为了让人才提升自我，实现自我价值；另一方面，也是为了满足社会对人才的需求。因此，必须把握对人才需求的社会导向，结合所处的时代和社会环境，让人才的自我优势充分发挥出来，使培养质量能够经受时间的考验。

二、培养策略

（一）有效融合专业设置与产业需求

对于职业学校而言，应当结合自身的发展状况和需要，保证专业设置的科学性和合理性，以便更好地发挥产教融合的作用。具体而言，要以产业结构为切入点，将对专业结构的设置作为重点，使职业学校设置的专业结构能够与当地的经济发展状况相匹配，从而保证专业更有针对性和实操性。举例来讲，从与职业学校进行合作的企业的产业需求出发，设置对口的专业，这样既能够实现育人目标，也可以为企业输送高素质、高水平的专业人才，减少企业进行岗前培训的时间成本和费用。需要注意的是，在这一过程中，还要不断优化专业结构，根据产业的发展现状和趋势不断对设置的专业进行优化和调整，使得人才更好地适应多元化的市场环境。

（二）优化与职业标准相适应的课程内容

作为一种规范和准则，职业标准是以职业分类为前提的，是用来规范工作人员活动内容和业务能力的重要指标。职业学校在确定课程目标、选择课程内容时，应当充分结合职业标准，更加有效地开展教学工作。具体来讲，职业学校要创新产教融合方式，最大限度地实现教学任务与职业标准的统一，不断提升人才的综合素质，满足职业标准需求，规范所承担的教学工作的针对性和实操性，更好地实现育人目标。例如，以与职业学校合作的企业的不同部门所承担的不同职能为依据，对专业课程分类别地进行规划，使学生在学校学习过程中就能源源不断地汲取将来步入社会走向工作岗位所必备的基本技能，这也是优化课程内容的最终目的。

（三）政府发挥主导作用，推动产教融合方式多元化

一是要积极推进相关法律法规和政策的出台，为职业学校利用产教融合培育双创人才提供良好的环境和行之有效的支持，引导职业学校不断完善教育制度和政策，使职业学校和企业自身在产教融合领域的权益得到有效保障，做好产教融合宣传工作，提升企业与职业学校合作的积极性和主

动性，通过适当的政策激励校企形成和谐融洽的合作关系。二是要积极搭建方便职业学校和企业交流沟通的平台，使产教融合观念在学校和企业都能得到进一步的深化；优化当地的产业结构，为人才、技术、岗位三者的有机融合提供更为有效的客观支撑。

（四）深度挖掘人才培养集约化优势

第一，在创新产教融合方式的过程中，职业学校应重点对相关的专业进行有效设置。因此，要在保证职业学校与企业强强合作的基础之上，聚焦当地中小企业的产业需求和优势，进行探索性合作，这样既可以扩大合作范围，丰富学校专业内容，也可以为企业发展带来高素质人才，进一步助推当地经济和社会发展。第二，从学校特定的专业群视角出发，职业学校应当进一步扩大合作范围，尝试与当地的多家企业进行合作，统一合作目标，共同发力构建合作平台，为当地经济和社会发展提供充足的人才储备。第三，要健全完善跨专业、跨行业交流的产教融合模式，进一步探究以区域为主导的产业链，吸引更多的产业链上的市场主体参与平台合作，形成产业集成优势，使人才培养朝着多元化方向发展。

（五）打造专业的"一课双师"师资队伍

要以提升专业骨干教师的实践能力为目标，有计划地组织一批相关的教师队伍前往企业进行实践交流，对企业所掌握的先进科技进行学习，在条件允许的情况下可以组织教师参与到企业的项目研发中去，为打造一支"教学水平高、实践能力强"的"双师"型教师队伍打下一个良好的基础。同时，企业可以与职业学校达成合作协议，选派优秀的企业专业人才定期到校内进行教学，重点引导学生参与实践，使他们在实践中对学到的知识更好地进行吸收。最后，作为相互合作的主体，学校和企业之间应当经常性地互派人员进行学习，不断充实双师型队伍力量，共同为培养"双创型"人才贡献力量。

（六）丰富校园文化活动，培养学生创新思维

在职业学校的学生生活中，校园文化活动占有很大的比例，学生的创

新思维和正确的价值观在很大程度上会在这些文化活动中得到锤炼。当下倡导的创新产教融合推动职业学校双创人才培育工作,实际上就是在对职业学校学生的创新创造思维进行培养。因此,校园文化活动对职业学校培养双创人才也有着十分重要的作用。对于职业学校而言,应当进一步丰富校园文化活动的形式和内容,经常性地开展一些能够培养学生创新创造思维、锻炼学生实践能力的活动,比如,组织学生开展模拟创业活动,将主动权交到学生手中,由他们自主制定规范的组织原则,对组织架构进行合理化设置,开展相关运营活动。这样可以有效地让学生学以致用,进一步激发他们的创新创造意识,将他们培养成高素质、高水平的双创型人才。

综上所述,在我国大力推进大众创业、万众创新的社会背景下,职业学校和企业都应当充分发挥优势,把握机遇,加强深度合作。要进一步深化职业学校的教学改革,探索校企合作的新模式、新方法,要坚持从实际出发,以当地经济架构和发展需求为切入点,合理设置和优化调整职业学校专业结构,使产教融合的作用发挥到最大,进而更好地推动职业学校双创人才培育工作。

第四节 学校创新、创业双螺旋结构双创人才培养路径实践

一、双螺旋结构双创教育推进模型理论研究

双螺旋结构双创教育推进模型是一种将专业教育与创新创业教育有效融合的模型,旨在通过多元协同的方式,构建稳定且持续上升的双螺旋结构课程体系,实现职业学校创新创业教育的实效性和创新型人才的培养目标。具体来说,该模型包括以下三个方面:

(一)专业教育和创新创业教育的高度融合

专业教育和创新创业教育的高度融合是构建双螺旋结构的核心。职业学校应该将创新创业教育融入专业教育,建立以专业为基础、以创新创业

为目标的教育模式。例如，在专业教育中设置与创新创业相关的实践课程、科研项目等，让学生在专业学习的同时锻炼创新创业能力。

（二）利益相关者的多元协作

双螺旋结构课程体系的稳定性和上升特征需要来自各方面的支持和助力。因此，职业学校应该建立起各方利益相关者之间的紧密协作关系，包括学校、企业、政府、社会组织等，共同推进创新创业教育的发展。

（三）深度融合与多元发展并重

职业学校应该坚持深度融合和多元发展并重的原则，既要深度融合专业教育和创新创业教育，又要重视学生的多元发展，让学生在学术、文化、体育等各方面都能得到全面发展。

二、适合职业学校特色与区域经济特色的双螺旋结构创新创业人才培养路径

无锡是中国物联网发展的重要基地之一，以其良好的产业基础和政府支持，逐渐形成了以物联网技术为核心的产业集群。在这个背景下，我校物联网专业群已经成为无锡地区重要的双创人才培养基地。

为了更好地为无锡区域经济培养出更多具备物联网专业知识和创新创业能力的高素质人才，我们制定了双螺旋结构创新创业人才培养路径。此路径包括专业教育和创新创业教育的有机结合、实践教学模式创新、创新创业平台建设和师资队伍建设等多个方面，旨在为学生提供全面的培养体系。

（一）专业教育和创新创业教育的有机结合

在物联网专业课程设置中，我们将创新创业元素渗透到专业教育之中，实现专业教育和创新创业教育的有机结合。在物联网领域，我们将开设智能硬件、云计算、物联网安全等相关课程，让学生能够掌握最新的技术和相关的理论知识。通过这些课程的设置，我们既能够让学生学习到物联网专业知识，又能够让学生锻炼创新创业能力。

同时，我们鼓励学生在学习专业知识的同时积极参与创新创业活动，如开展物联网项目、参加各类创新创业比赛等。学生们在实践中能够深入理解课堂知识，并进一步提高学习的积极性和热情。

（二）实践教学模式创新

在物联网专业实践教学中，我们注重让学生掌握实际应用能力，开展实验课程、校企合作实训、社会实践等。通过这些实践课程的开展，我们能够让学生学习到物联网技术的应用方法和实际操作技能，从而更好地应对未来的工作挑战。学生们能够参与到实际的项目中，锻炼实际操作能力，并学会运用专业知识解决实际问题。

此外，我们鼓励学生自主创新，开发具有商业价值的物联网产品，培养创新创业精神。学生们能够从实际中发现需求、提出解决方案，并将其实践落地。我们为学生们提供多种实践机会，如学生创新创业项目、创新创业大赛等，让学生们得以自主探索并将创意变成创新产品。

（三）创新创业平台建设

学校建立物联网创新创业平台，提供创新创业资源、孵化服务、投融资支持等，为学生创新创业提供有力支持。平台能够为学生提供多种资源，如企业导师、专业顾问、投资人等，为学生提供技术支持、管理经验和市场资源等。同时，平台还开展多种活动，如讲座、创业沙龙、创业训练营等，为学生提供创新创业的交流和学习机会。

学校还与企业、科研院所等建立紧密联系，为学生提供实践平台和技术支持。学校与企业开展校企合作，为学生提供工业实践和项目实践的机会，帮助学生更好地了解市场和实践操作。此外，学校还与科研机构合作，为学生提供前沿技术的研究平台，让学生更好地了解物联网领域的前沿技术和发展方向。

（四）师资队伍建设

学校注重物联网教育师资队伍的建设，招聘具有物联网领域专业背景和双创实践经验的教师，开展教师培训和交流活动，不断提升教师的教学水平和创新创业能力，为学生提供优质的教学和指导服务。学校注重教师的素质培养，定期组织教师培训和交流，让教师了解最新的教育理念和教学方法，并在教学中灵活应用。同时，学校还为教师提供创新创业的培训和交流机会，鼓励教师开展创新创业活动，提高教师的创新创业能力。

通过以上四个方面的努力，我校能够更好地实现物联网专业教育的目标，培养出更多具备物联网专业知识和创新创业能力的高素质人才。我们相信，在双螺旋结构双创人才培养路径的引导下，学生们能够充分发挥自身的潜力和创造力，成为物联网领域的佼佼者。

三、我校基于双螺旋结构创新创业人才培养的一些具体做法

（一）制定相关制度，引导师生共同参与

为了引导我校物联网专业群的师生共同参与创新创业活动，我们制定了一系列相关制度和措施。

首先，在学院层面，我们出台了《学生参加各类比赛奖励及补贴办法》和《奖励性绩效工资分配实施方案》等相关规定，对获校级以上竞赛奖项的师生进行物质和精神上的奖励，激发师生参加创新创业活动的积极性。

其次，在专业群层面，我们出台了《物联网专业群学生素质活动积分办法》等相关规定，对参加创新创业活动的学生给予素质学分、选修学分等奖励，为学生参加各类活动提供动力。此外，我们还将组建由多个专业的教师组成的指导教师队伍，包括'挑战杯'全国一等奖指导教师、"互联网+"省赛金奖指导教师、江苏省职业教育教师教学创新团队、江苏省苏教名家教学团队等，为学生提供德育、专业、创新创业等全方位的教导。

通过这些相关制度和措施的引导，我们相信我校物联网专业群的师生将会积极参与创新创业活动，掌握行业内最新的技术动态和市场趋势，提高实践能力和创新创业能力，为无锡地区物联网产业的发展做出更大的贡献。

（二）开展第二课堂，提高学生综合素质

针对无锡地区物联网产业的发展需求，我校物联网专业群开展第二课堂，旨在培养具备创新创业能力和实践技能的高素质人才。具体内容如下：

1. "众人说"活动

作为物联网领域的专业人才培养基地，我校物联网专业群定期邀请物联网领域的专家、企业教师、优秀毕业生等为学生开讲座，让学生深入了解物联网领域的前沿技术和发展趋势。讲座内容包括物联网技术的最新发展、未来的发展趋势、产业应用和实践案例等。同时，我们鼓励学生学习和传承工匠精神，提高学生的创新创业能力和实践能力。

2. "我来辩"活动

为了加深学生对物联网领域的了解和认识，同时锻炼学生的辩论和表达能力，我们组织物联网领域的辩论赛活动。辩论赛的题目包括物联网领域的热点问题、争议话题等。在比赛中，学生可以发挥自己的才能，展现自己的思维和表达能力，同时也能够深入思考物联网领域未来的发展。

3. "我实践"活动

物联网是一个实践性很强的领域，我们通过开设实践课程、组织创新创业项目、参加各类创新创业比赛等方式，让学生深入实践，掌握物联网领域的实际操作技能，提高学生的创新创业能力和实践能力。例如，我们组织学生参加物联网应用设计大赛、创新创业大赛等活动，让学生能够实际运用所学知识进行创新创业，同时也能够锻炼自己的实践能力和团队合作能力。

4. "我学创"活动

除了以上三个活动，我们还开设了多门创新创业选修课程，包括"物联网系统设计""基于树莓派的项目设计与实践""创新创业案例分析"等。这些选修课程不仅涵盖了物联网领域的理论知识和技术应用，还注重

培养学生的创新创业思维和实践能力。在课程中,我们将鼓励学生自主提出创新点子,并组织实践课程,让学生将创新点子转化为实际产品,体验创新创业的过程。

除了课程设置,我们还组织各类创新创业比赛和项目,如"挑战杯"全国大学生系列科技学术竞赛、全国创新公众擂台赛、全国青少年科技创新大赛等,让学生将学习到的知识和技能应用到实践中。同时,我们也鼓励学生参与企业创新创业项目,深入了解物联网产业的发展需求和前沿技术,为未来的职业发展做好充分准备。自双创工坊开展以来,由电信系牵头,联合机电系、自动化系、艺术系等不同学科学生组队参加各类创新创效创业大赛,累计获省级以上奖项50多个。

5. "跑企业"活动

为更好地结合区域经济,我们与无锡地区的物联网企业建立紧密联系,为学生提供实践平台和技术支持。我们邀请企业专家和工程师来校讲课,为学生介绍企业实际应用案例和最新技术动态,让学生深入了解企业的实际需求和工作环境。同时,我们还组织学生到企业进行实习和调研,让学生深入了解企业的运作模式和管理方式,为将来的就业做好充分准备。

我们还与企业共同开展项目研究和技术创新,为企业提供创新创业人才和技术支持。通过与企业的合作,我们能够更好地了解行业发展需求,帮助学生更好地应对未来的工作挑战。

我校物联网专业群通过开展第二课堂,旨在培养具备创新创业能力和实践技能的高素质人才。通过开展"众人说""我来辩""我实践"和"我学创"四个方面的活动,我们将全面提高学生的综合素质,为无锡地区物联网产业的发展做出贡献。同时,我们也将与企业紧密合作,为学生提供实践机会和良好的学习平台。

(三)深入市场调研,帮助学生了解行业

我校物联网专业群通过深入开展市场调研,帮助学生了解物联网行业

的发展趋势和前沿技术,提高学生的实践能力和创新创业能力。我们通过以下几个方面来开展此项活动:

首先,我们组织了专家讲座,邀请物联网领域的专家、企业教师、优秀毕业生等为学生进行深入的讲解。通过这些讲座,学生了解到物联网行业的前沿技术和发展趋势,掌握行业内最新的技术动态和市场趋势,为将来的创新创业奠定基础。其次,我们组织学生参观了物联网企业,通过实地参观、访谈等方式,让学生深入了解物联网企业的发展状况和市场需求。通过这种方式,学生更加深入地了解行业的实际情况,掌握企业内部的运营模式和市场竞争状况,为将来的创新创业提供更多的思路和灵感。此外,我们组织学生开展了市场调研活动,通过问卷调查、访谈等方式,让学生深入了解物联网行业的市场需求和用户需求。通过这些调研活动,学生更加深入地了解市场需求和用户需求,掌握用户的心理和行为特点,为将来的产品开发提供更好的参考和建议。最后,我们组织学生参加了各类创新创业比赛,通过实际操作,提高学生的创新创业能力和实践能力。通过参加比赛,学生了解了行业内最新的创新创业成果和趋势,掌握了市场需求和用户需求,同时提高了自己的实践操作能力和创新能力。

通过上述活动,我们培养了一批创新创业人才。这些人才在各项比赛中取得了许多优异的成绩,展示了物联网专业群学生的创新能力和实践能力。举例来说,物联网专业群的学生在2018年的"挑战杯——彩虹人生"全国职业学校创新创效创业大赛中,凭借创新型顶杆切割机荣获国家特等奖。此外,他们在江苏省职业学校创新创效创业大赛、江苏省青少年科学影像节、江苏省中等职业学校"文明风采"竞赛等多个比赛中,取得了一等奖和特等奖等多项荣誉。

2020年8月,在江苏省职业院校创新创业大赛——创意组中,学生设计的便携式激光快速空间建模仪和新型顶杆切割机分别获得省级一等奖。同年7月,他们参加首届江苏省青少年科学影像节,以星空、小水珠人间之旅、弹一弹——可乐不喷发、爆炸的酒精和神奇的非牛顿流体等作品分别获得省级一等奖。在 2019 年的第 30 届江苏省青少年科技创新大赛中，该专业群学生以一种纺织布阻燃性测试炉项目荣获省级一等奖。在 2018 年的第 9 届江苏省中等职业学校"文明风采"竞赛——创新设计中，他们以形之无踪——高精度高效率薄壁类零件专用卡爪和全自动智能封口机项目分别获得省级一等奖。

这些荣誉的取得，不仅充分体现出我校物联网专业群学生的专业水平和创新能力，也证明了该专业群深入市场调研，帮助学生了解行业的有效性。学生们通过实践活动，了解行业需求，从而开发出创新的产品和解决方案，为社会和经济发展做出贡献。

（四）开展竞赛活动，引导学生求知探索

为了激发学生的学习热情和创新创业积极性，系部积极组织选手参加各类创新创业创效竞赛，例如挑战杯——创青春创新创业大赛、挑战杯——彩虹人生科技发明大赛、互联网＋创新创业大赛、全国青少年科技创新大赛等。我们通过优选种子项目，鼓励学生在该系列竞赛中脱颖而出，这些种子项目都会自动入选"省赛备选种子库"。这系列竞赛每年都在三年级和四年级的学生中开展，这样种子库将持续增加新项目。五年级同学通过科研、竞赛、专利申请等活动，对一年级新生进行传帮带的示范辅导，实现以老带新、滚动发展的良性循环。

（五）开放系部资源，指导学生双创研究

我校通过创新创业比赛精选优质项目并进行培育，在创新创业导师的指导下，学生团队组织市场调研，进一步完善项目。学生团队先确定创新设计方向，然后依靠系部的科研平台、创客空间等各种资源，进行方案验证、样机制作等，并设计出具体的产品。同时，进行专利申请并为学生申请校级、院级、市级科研课题提供支撑，鼓励学生参加"挑战杯"等各种科技发明类竞赛。随着项目的成功研发，我校将开展创业计划训练，让学生参加"互联网＋"等各类创业竞赛，并最终完成项目的打磨，进行创业尝试，实现"以赛促学"。

四、获得成效

(一) 充分调动了师生创新创业的积极性

我校物联网专业群深入市场调研,通过制定相关制度和措施,充分调动了师生的创新创业积极性,取得了显著成效。学生参与度由 2018 年的 30% 增长到 2022 年的 90% 以上。如在 2022 年江苏省职业院校创新创业大赛中,我校物联网专业群学生共提交了 30 多个作品,获得省级以上奖项 20 余项,其中一等奖 2 项,二等奖 10 余项。此外,我校还邀请了物联网行业的专家、企业教师等组成指导教师团队,为学生提供全方位的教导。

通过多年的创新创业实践活动,我校物联网专业群不断探索创新,开设了一系列线上线下的课程,包括创新创业实践、项目管理、营销策划等,有效提升了学生的实践能力和创新能力。同时,我校还组织学生参加各类创新创业比赛,如江苏省青少年科技创新大赛、全国移动机器人大赛等,提高了学生的创新创业能力和实践操作能力。

我校物联网专业群将继续深入市场调研,不断完善制度和措施,进一步调动师生的创新创业积极性,为推动无锡地区物联网产业的发展做出更大的贡献。

(二) 学生的综合素质逐年提高

我校物联网专业群通过实施创新创业教育,逐步提高学生的综合素质。其具体表现在以下几个方面:

1. 创新创业活动

我校物联网专业群的学生积极参加各种创新创业竞赛和活动,参赛人数不断增加,成果丰硕。近五年来,学生累计参加各类竞赛活动达到 300 余次,获得省级以上奖项 50 余项,其中包括挑战杯、互联网+等国家级大赛。2018—2020 年获奖情况汇总如表 3-2 所示。

表 3–2　2018—2020 年获奖情况汇总（省级一等奖以上）

序号	获奖时间	赛项名称	作品名称	获奖级别	获奖等第
1	2020 年 8 月	2020 年江苏省职业院校创新创业大赛——创意组	便携式激光快速空间建模仪	省级	一等奖
2	2020 年 8 月	2020 年江苏省职业院校创新创业大赛——创意组	新型顶杆切割机	省级	一等奖
3	2020 年 7 月	首届江苏省青少年科学影像节	祸源	省级	一等奖
4	2020 年 7 月	首届江苏省青少年科学影像节	突如其来的坏家伙——冠状病毒	省级	一等奖
5	2020 年 7 月	首届江苏省青少年科学影像节	星空	省级	一等奖
6	2020 年 7 月	首届江苏省青少年科学影像节	小水珠人间之旅	省级	一等奖
7	2020 年 7 月	首届江苏省青少年科学影像节	弹一弹，可乐不喷发	省级	一等奖
8	2020 年 7 月	首届江苏省青少年科学影像节	爆炸的酒精	省级	一等奖
9	2020 年 7 月	首届江苏省青少年科学影像节	神奇的非牛顿流体	省级	一等奖
10	2020 年 4 月	第 31 届江苏省青少年科学科技创新大赛	基于磁栅传感器的便携式机床装配精度检测系统	省级	一等奖
11	2019 年 8 月	第 30 届江苏省青少年科技创新大赛	一种纺织布阻燃性测试炉	省级	一等奖
12	2018 年 8 月	2018 年"挑战杯——彩虹人生"全国职业学校创新创效创业大赛	创新型顶杆切割机	国家	特等奖
13	2018 年 7 月	2018 年"挑战杯——彩虹人生"江苏省职业学校创新创效创业大赛	创新型顶杆切割机	省级	一等奖
14	2018 年 7 月	2018 年"挑战杯——彩虹人生"江苏省职业学校创新创效创业大赛	机床刀具内冷系统连接刀架	省级	特等奖

续表

序号	获奖时间	赛项名称	作品名称	获奖级别	获奖等第
15	2018年4月	第9届江苏省中等职业学校"文明风采"竞赛——创新设计	形之无踪——高精度高效率薄壁类零件专用卡爪	省级	一等奖
16	2018年4月	第9届江苏省中等职业学校"文明风采"竞赛——创新设计	全自动智能封口机	省级	一等奖

2. 社会实践活动

我校物联网专业群的学生积极参加各类社会实践活动，拓宽自己的视野，增强社会责任感。例如，参与物联网应用技术实践，为企业提供技术支持和解决方案，同时也让学生更好地了解行业前沿技术和发展趋势。

3. 专业技能提升

我校物联网专业群的学生积极参加各类专业技能培训和实践活动，不断提高自己的专业技能水平。自2009年以来，我校学生在全国职业院校技能大赛中共获得67枚金牌。近三年来，我校参加省级及以上职业院校技能大赛（高职组）的学生获得了17个二等奖以上的奖项，参加省级及以上职业院校技能大赛（中职组）的1~3年级学生获得了34个一等奖，同时在全国职业技能大赛（含省级选拔赛）中，我校学生获得了2个奖项。

4. 工匠精神培养

我校物联网专业群的学生积极培养工匠精神，注重实践能力的提升，不断增强自己的综合素质。例如，组织义务维修和服务活动，提高自己的技能和服务意识，同时也为社会做出了一定的贡献。

我校物联网专业群通过实施创新创业教育和各种实践活动，不断提高学生的综合素质，使其具备更好的就业能力和创新创业能力。

第四章 实践与案例：专创融合下的创新行业人才培养实例

第一节 夯实基础，培养兴趣（1个案例："乐"玩Python，制作记谱电子琴——学科融合下的创意编程活动方案）

摘要

本活动是根据职业高中学生现有的理论知识水平以及擅长技能操作和团队协作的特点，采用综合电子、信息、音乐和物理等多学科融合的项目式学习方式，以现实生活中的"创意记谱电子琴"问题为实践对象而开展的Python编程科技教育活动。教师团队以电子专业组教师为主导，由物理学科组和音乐学科组教师联合参与，打破学科壁垒，共同引导学生制定创意方案，进行协作实践，以更加接近生活的项目化开发方式认知世界。学生在发声器→音乐盒→电子琴→悦耳琴→自动记谱电子琴的递进研究活动过程中，不断地发现问题、解决问题、调整方案，培养科学精神，勤于反思，在实践创新中将创意物化。

学生根据"如何做一台能自己演奏的电子琴"这一主题方向拟定自己的创意设计方案，培养科学精神，敢于探索尝试；在小组协作实践时，学生通过音乐体验与交流，培养质疑反思、发现问题的能力；通过物理实验观察，培养分析解决问题、运用技术探究改进的能力；学生能够承担学习责任，逐步甄选按键、升级发声装置、加设乐曲自动识别系统，制成完整的自动记谱电子琴。最后展示分享自己的创意成果，教师及同学共同参与评价，学生能有效总结经验、积极乐观的对待活动结果。以实验探究化解科学疑问，在创意设计及物化实践的过程中提升解决实际问题的能力和综合创新能力，以分享展示体会成果乐趣。学科融合下的 Python 课程活动流程如图 4-1 所示。

课程	物理课	Python项目课程	音乐课	Python项目课程	Python项目课程	Python项目课程	物理课	Python项目课程	音乐课	Python项目课程	成果分享课
内容	复习声学原理	实践探索①让机器发出声音	乐理基础	实践探索②制作音乐盒	实践探索③制作我的电子琴	实践探索④触摸屏电子琴的制作很简单	电声学原理进阶	实践探索⑤悦耳动听之音乐盒	编曲原理	实践探索⑥自动打谱电子琴	邀请音乐教师弹奏并点评作品

图 4-1 学科融合下的 Python 课程活动流程

关键字：电子音频产生；音乐产生原理；电子琴制作；跨学科

一、活动背景

人工智能的迅猛发展，开启了人类社会智能生活的新时代，人才需求的变化对现代教育也提出了"综合性学习"的新要求：引导学生以学科融合的学习方式探究原理，创造性地解决真实问题。

Python 语言被称为人工智能第一语言，支持广泛的应用程序开发，能够工作在不同平台上。在职业高中开设的 Python 编程课程，侧重在计算机学科上从面向过程转到面向对象的学习，对学生的逻辑思维能力要求较高，不断激励学生自主探究。而科技教育活动的意义在于用易做好懂的学习方式引领学生入门，提升学生学习兴趣。我校采用笔者自建的树莓派工作平台，前期已经完成了电子学科与信息学科核心课程的融合，降低了学生的知识及技能门槛。本项目中笔者立足 STEAM 理念，建立跨学科教学团队，开展基于项目的 Python 编程研究活动，学生历经探究、设计、实施、分享等系列活动，将自己对声音原理、音乐编曲、电路制作和 Python

语言的理解综合物化为自己的"创意电子琴",获得跨学科项目开发经验。活动实施路线如图4-2所示。

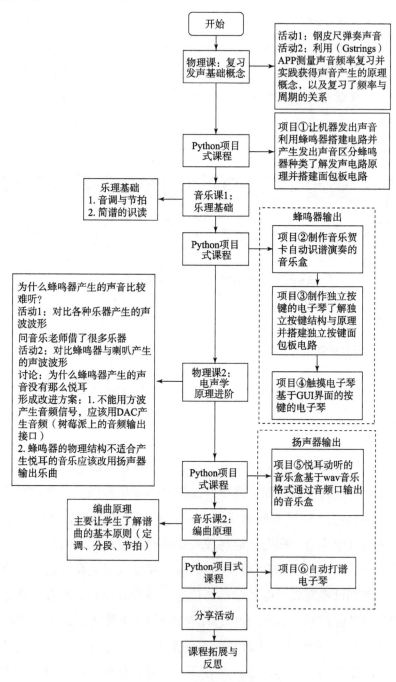

图4-2 活动实施路线

我校作为国示范重点职业高中，特别重视对学生创新能力的培养，支持开设科技创新社团，举办技能节与科技节活动，学生参与面广、积极性高，有助于推动 STEAM 课程的开设和持续性发展。

二、活动目标

（一）知识与技能

理解声音产生的原理，能够根据电声转换原理探索设计发声电路，尝试利用 Python 编程制作自动奏乐的音乐盒。通过探究独立按键及 GUI 界面知识改进设计，结合物理、音乐知识，尝试制作弹奏悦耳音乐后能自动记录乐谱的机器人。

（二）过程与方法

通过项目式科技教育活动，学生参与一次完整的原理探究、创意设计、电子琴制作、发现问题及改进、分享展示的实践活动。学生能够综合运用 Python 编程、电子工程等先进技术以及物理、音乐知识分析问题，做出决策，体验科技的乐趣，提升解决现实问题的能力和综合创新能力。

（三）情感态度与价值观

结合教育活动的实际操作，学生以小组协作形式，有效使用网络资源自主学习。围绕跨学科知识主线，设计递进的任务模块。通过知识指导和技术辅助，学生的好奇心转换为学习愿望，激发创新热情，培养学生的科学素养。

三、活动参与对象

（一）学科融合教师团队组建

由于本活动中需要用到的乐理知识与物理电声学知识，为确保学生探究科学原理的专业性，在学校的协调下，三个学科组通过讨论，开创性地由 Python 项目课程教师作为主讲教师，另外一名音乐教师和一名物理教师作为辅助教师组成教学团队共同指导学生完成本科技教育活动任务。学科融合教学团队成员如图4-3所示。

图4-3 学科融合教师团队成员

（二）活动成员构成

依托学校科技创新社团，面向学校高一至高三招收对Python编程感兴趣的学生，为保证活动质量，每期人数控制在20人以内，其中有15名新学员，5名上学期经历过Python小车项目的老学员。每周三、周四15:00—16:30开展教学活动。学校创新社团聘书和学校科研社团聘书如图4-4所示。

图4-4 学校创新社团聘书（左）和学校科研社团聘书（右）

学员分组模式：老带新。

以参加过上期培训的5位老学员为核心组建小组。每人带3名新学员。老学员们经历过上一期"Python蓝牙小车"项目后，对编程非常感兴趣，在活动中成长为新一批骨干力量。本项目以教师为辅、学生骨干为主,通过骨干带新生的学生小组活动模式,一步步展开学科融合课程教学。本活动学生小组分组如表 4-1 所示。

表 4-1 本活动学生小组分组

组号	组长(老学员)	新学员	小组名称	口号
一组	华柯玮(高三)	3 人	滑稽队	失败只有一种,就是半途而废
二组	王亮亮(高三)	3 人	火箭队	满怀希望出发,载着成功回来
三组	卢晨磊(高二)	3 人	编程高手和他的朋友们	男儿当自强
四组	陈帅帅(高二)	3 人	王牌程序员	宝剑锋从磨砺出,梅花香自苦寒来
五组	华灵枫(高二)	3 人	梦想+1	细节决定成败,细心赢得未来

(三)学情分析

1. 能力方面

参与创新社团的学生都是自愿报名并经过筛选的,对 Python 编程开发有着浓厚的兴趣,有一定的分析解决问题的能力。但长久以来学生习惯于按部就班的学习方式,自主探究能力尚有不足。

2. 知识方面

学生具备基本的物理和音乐知识,接触过电子专业的基础知识,实践能力较强,对新知识接受度高。社团的核心成员具备较好的编程能力,具有软硬件综合知识,但没有接触过编程发声等内容。

3. 情感方面

学生能在兴趣发展和任务成功的驱动下主动学习,91.5%的学生认为专业技能课程对以后从事的岗位有较大帮助,23%的学生有清晰的职业生涯规划。学生乐于合作探究,情感爱好特征明显,易于引导。

本项目将结合学员学情,并根据我校职业高中的特点,对接电子信息专业技能型人才培养目标,从学生发展核心素养出发开展项目化实践活动。

四、活动主体

(一)活动内容

活动内容设计如表4-2所示。

表4-2 活动内容设计

序号	主活动	活动名称	活动内容	活动课时
1	项目1 电子发声器	复习声学原理(物理课)(活动地点:物理实验室)	活动1:钢皮尺弹奏声音 活动2:寻找C调DO 利用(Gstrings)APP测量声音频率找到标准音。 学生通过实践活动理解声音产生的原理,复习频率与周期的关系	1课时
		项目实践:让机器发出声音(活动地点:STEAM工坊)	利用蜂鸣器搭建电路并发出声音 学生学会区分蜂鸣器种类,并了解发声电路原理,在面包板上搭建相应电路	4课时
2	项目2 音乐盒	乐理基础(音乐课)(活动地点:音乐教室)	1. 音调与节拍 2. 简谱的识读 活动:简谱识读与演唱	1课时
		项目实践:经典音乐盒的制作(活动地点:STEAM工坊)	学生自主分析并编程完成一个能自动奏乐的音乐盒。完成规定动作《我和我的祖国》乐曲的演奏	8课时
3	项目3 电子琴	项目实践:制作我的电子琴(活动地点:STEAM工坊)	了解独立按键结构与原理,自行设计并搭建按键电路。通过自主编程,制作自己的电子琴	8课时
		项目实践:触摸屏电子琴也很简单哦(地点:STEAM工坊)	探究GUI界面的知识。制作触摸屏电子琴	8课时

序号	主活动	活动名称	活动内容	活动课时
4	项目4 悦耳琴	电声学原理探究（物理课）（活动地点：音乐教室）（通过声学实验分析自己碰到的问题：为什么蜂鸣器产生的声音不悦耳？）	活动1：对比各类乐器产生的声波波形 活动2：对比蜂鸣器与喇叭产生的声波波形 讨论：为什么蜂鸣器产生的声音没有那么悦耳？ 形成改进方案：1. 不能用方波产生音频信号，改用DAC生成波形。 2. 蜂鸣器物理结构不适合产生悦耳的音乐，应改用扬声器输出乐曲	2课时
		项目实践：悦耳动听的音乐盒（活动地点：STEAM工坊）	学生根据实验结论，制作由扬声器输出wav格式音乐，且输入乐谱就能演奏的音乐盒	8课时
5	项目5 记谱琴	编曲原理（音乐课）（活动地点：音乐教室）	学生通过练习了解谱曲的基本原则（定调、分段、节拍），探讨简谱与程序语言转换的关键点	2课时
		项目实践：自动记谱电子琴的制作（地点：STEAM工坊）	制作一个根据演奏自动转换为简谱的电子琴	16课时
6	成果分享 课程拓展	在小组间分享自己制作的作品（活动地点：音乐教室）	在作品分享活动中邀请音乐老师一起弹奏学生作品，并请教师们参与讨论提出各小组作品的改进意见	2课时
总课时数			共60课时，每周4课时 每学期15周	

本活动方案采用基于项目的学习方式，融合电子、编程、音乐、物理等跨学科知识技能，由体验探究、学习实践和分享活动构成，学生完成Python编程，制作一个能够自动记录乐谱的电子琴。

学生先通过探究声学原理和乐理基础，引发兴趣，设计制作自己的创意电子琴；接着通过体验不同乐器音频等参数，探究改进方向，设计弹奏乐曲自动识别系统，制成完整的自动记谱电子琴；最后进行成果分享，进行多元评价，在创意设计及物化实践的过程中提升解决实际问题的能力和综合创新能力。

详细活动方案见《附件1："乐"玩Python，制作记谱电子琴（详细活动步骤）》。

（二）活动方式

本项目从"声音如何产生？""乐曲如何产生？""按键如何对应声音？""悦耳的音乐如何产生？""如何记录乐谱？"五个真实问题出发，以学习小组为单位完成五个实际项目的制作。本方案活动路径如图4-5所示。

图4-5 本方案活动路径

本活动以学生为主体，由学生骨干带领新生组建学习小组、开展协作探究，跨学科教师团队全程辅助引导；学生通过文献搜集、声学实验等方式探索思考、拟订方案；在物化实践的过程中，分工合作进行实践操作，遇到困难时，采用组内讨论、网络信息检索、咨询教师等方式逐步推进研究学习；遇到对音质的疑问时，小组间主动从竞争关系转为交流合作，采用实验观察的方式探究分析，确定改进方法；主动分享成果，教师、小组间、学生间进行多元评价，并整理学习过程，撰写小组研究报告，养成良好的科学思维。

活动时间：2019—2020学年第1学期

利用"Python编程特色选修课"的时间开展活动。

每周三、周四15:00—16:30开展学习研究活动。

五、活动难点、重点及创新点

（一）难点

根据学生特点，采用适当的教学辅助设备，分阶段引导学生循序渐进地融合运用电子、信息技术、音乐与物理等跨学科知识与技能完成电子琴活动目标，使学生先体验后学习 Python 编程，体验创新的乐趣，保持活动的趣味性和学生学习的积极性。

通过项目式的实践活动，带动学科整合，合理制定学生小组方案，组织学生进行有效的研究探索，设计电子琴作品的阶段性实时反馈，引导学生逐步发现并解决问题，提高实践能力。

（二）重点

通过以学生为主体的科技教育活动，引导学生在实践活动中体验并领会 Python 编程知识，将学生的好奇心转换为学习意愿。

通过体验探究引导学生联系不同学科知识，形成创意电子琴的设计方案，根据学生的兴趣点与能力分组协作，进行实践制作，依据物理和音乐知识发现问题并提出改进措施，完成不同能力层次的自动记谱电子琴设计和制作。

将学习成果进行分享展示，并进行多元评价，激发学生的创新热情。

（三）创新点

1. 模式新，学科融合的项目式学习

改革传统教学形式，以学生为中心进行"项目制学习"和"圆桌式讨论"，由电子、物理和音乐三个学科教师组成跨学科教学团队，引导学生开展活动。

消除学科的分界线，以促进学生发展为目标，学生通过团队协作，以更接近生活的项目化开发方式开展活动：制定创意方案，进行协作实践，在发声器→音乐盒→电子琴→悦耳琴→自动记谱电子琴等项目递进的研究活动中，不断发现问题、解决问题、调整方案，培养科学精神，提升跨学科解决问题的创新能力。

2. 内容新，靠近学生最近发展区的 Python 编程体验

Python 编程语言是人工智能时代的技术热门，开展学科融合的 Python 课程活动，既让学生掌握了前沿技术，也是对教师学科融合能力的挑战。

在缺乏先例的情况下，摸索尝试，根据学生特点与学科特征，面向学生身边感兴趣的事物设计问题情境。在 Python 课程中增加蜂鸣器、按键等电子元件，让学生的项目动起来、响起来、亮起来，从而增加编程的趣味性，激发学生的学习兴趣。

3. 活动路径新，符合职业高中学情的趣味活动

常规 Python 编程的学习是先学语法，再做练习。语法学习相对枯燥，打击了学生的好奇心理，而练习环节一般是在电脑端进行，缺乏探索与思考。针对上述缺点，对活动路径进行创新拓展，融合物理声学、音乐谱曲等生活原理，用音乐贺卡建立学生对活动的认知与兴趣，利用音乐盒、电子琴等实际项目引导学生自己探究新知。并创新地让物理教师、音乐教师加入项目团队，保证学生在实践中遇到的问题都能获得专业指导，建立学习信心，培养探索精神，激发创造力。

普通 Python 课程与本活动教学路径对比如图 4-6 所示。

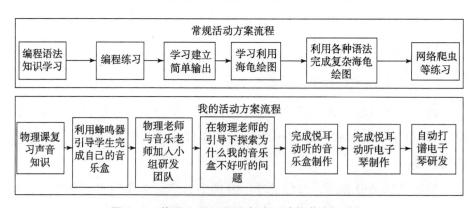

图 4-6　普通 Python 课程与本活动教学路径对比

4. "老带新"，可持续性发展的学生培养模式

每一期参加活动的学生经历完整的实验探究、创意设计、实践制作、

交流分享等过程后，成长为新一期活动开展的骨干力量，以骨干帮带新生，适应学科融合的学习方式，最后形成教师为辅、学生骨干为主，骨干带新生的学生主体活动模式，成为可复制、可推广的活动模式。

六、科技教育资源利用、方案的可行性

（一）实验室资源

由于本教育活动的特殊性，课程将在物理实验室、音乐教室和 STEAM 实验室三个教室中展开。

1. 物理实验室

物理实验室与设备如图 4-7 所示。

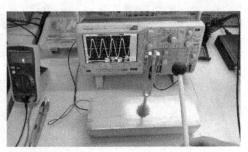

图 4-7　物理实验室与设备

2. 音乐教室

音乐教室与音频设备如图 4-8 所示。

图 4-8　音乐教室与音频设备

3. STEAM 实验室

学校重视学生创新能力培养，支持科技创新社团，如单片机开发社团、嵌入式编程创新社团等的自主活动。其中 STEAM 实验室配备专门设备并向科技创新社团免费开放、登记使用。本社团成员以 STEAM 实验室为固定的活动基地，配有电脑 40 台、数字式示波器 40 台、信号发生器 40 台等，均可登记使用，并另外申请配置了树莓派实训设备 30 套，其部分实物如图 4-9 所示。

图 4-9　STEAM 实验室与设备

硬件配套的完善使本课程实训场所得到保证，学生能在自己的实验室中依据兴趣方向开展研究学习活动。

（二）网络教学平台与资源

实训场地得到保障后，如何把学生课前与课后的碎片化时间充分利用起来，提高学习效率是笔者一直在研究的课题。通过搭建搭蓝墨云班课平台（见图 4-10），在云平台中发布活动任务、预习资料、课堂活动、思考练习的方式改善学生的学习效率。

通过云班课的小组积分功能，引导学生组间良性竞争关系的形成。教师也能全面、实时地了解学生活动开展情况，在第一时间更新任务点，指引项目方向。

在云平台中，学生在课前完成预习任务，在课程中进行头脑风暴，在课后上传作品，分享成功的喜悦，大大提高了学习兴趣与碎片化时间利用率。平台中除个人经验得分外，小组总学习经验的评价机制激发了他们的

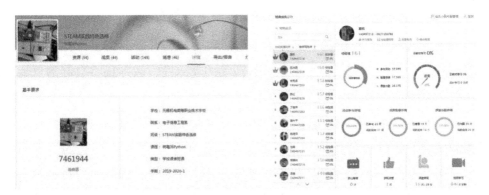

图 4-10　蓝墨云班课网络资源平台（左）和成员学习情况（右）

集体荣誉感，使其团队合作更加紧密。网络教学平台与传统课堂功能对比如表 4-3 所示。

表 4-3　网络教学平台与传统课堂功能对比

对比 学习阶段	活动内容	传统课程			云班课平台课堂		
		载体	统计汇总	实时性	载体	统计汇总	实时性
课前	课前预习	QQ 群电子讲义	较难统计	较难反馈	微课等多媒体	预习经验值	实时
	课前习题	纸质习题	人工统计	批改后	在线问卷	自动汇总	实时
课中	头脑风暴	现场问答	人工统计	好，参与人数较少	全员参与	实时展现	实时
	现场提问	举手提问	无法汇总	好，参与人数少	全员参与	实时自动汇总	实时
课后	课后练习	纸质习题	人工批改统计	较差，批改后	在线作业	客观题自动批改，问答题由教师评价	实时
	成果展示	实物展示	仅计数	较好，但占用课时	在线成果展厅	教师点评小组互评	实时

(三) 自制教学设备资源：树莓派编程实验平台

上述软硬件工具资源，确保了学生活动的顺利开展，为了降低学生学习 Python 语言的知识门槛，增强科教活动的趣味性，教师还将自制的低成本教学设备加入其中，使活动更易推广。

Python 作为一种胶水语言，能够在树莓派实验平台（见图 4-11）上控制底层 I/O 口与各类传感器，而这原本是电子学科核心课程的学习内容。而上位机 GUI 软件的编程原来是信息学科中的核心课程。通过教师自制的树莓派 Python 实训平台，在学习过程中就能够跨学科地将电子与信息两学科无缝衔接起来。让自己的项目动起来，响起来，亮起来，还能够利用上位机界面控制或显示其参数。跨电子与信息两个学科的树莓派编程实验平台三年来深受学生的欢迎。

图 4-11 树莓派实验平台

本活动方案的制定与开展符合学生的认知水平与能力，笔者通过查阅文献资料，改进了活动路径，从生活中的实际项目出发，引导学生自己探索 Python 语言的工程魅力。实际教学效果优秀，教师团队也从已经开展的部分活动中积累了宝贵经验，为预研和规划新的活动提供了方向。

七、可能出现的问题与解决预案

（一）活动中可能出现的问题

由于之前没有开展过 4 个学科相融合的项目化活动，教师团队也是在开拓新活动模式，在这期间也遇到过一些问题。比如，在项目任务布置后，有些学生完全摸不着切入点，在软硬件都没有基础的情况下不知该如何下手。此时，每个小组中的组长（老生）往往能起到关键性作用。资料检索、组内讨论、组间讨论、求助教师团队等多种方式交叉进行，让迷茫的新学员逐渐看清软件编程与硬件搭建的步骤，从而保障活动的顺利进行。

教师团队注重让学生自己设计制作，在实施过程中自己发现问题，小组协作寻找对策，解决问题。合理的教师团队组成也使得每个专业问题都能找到对应专业教师。学员在一次次的失败与摸索中将各个学科知识融会贯通，最终培养他们跨学科的创新解决问题能力。活动中可能会碰到的问题的解决预案如表4-4所示。

表4-4 活动中可能会碰到的问题的解决预案

序号	可能存在的问题	解决预案
1	如何确保小组的活跃性？	教师团队在活动中充当观察者与引导者的角色，以小组为单位充分发挥学生的主观能动性。同时对小组间的经验与成果分享给予鼓励
2	如何确保活动的关注度与学生的学习热情？	鼓励学生自主展示成果，通过云班课平台中奖励个人经验与小组经验值的方式鼓励创新。平台资料并没有将知识点直接塞给学生，而是通过搜索关键词、方法等培养学生自学能力
3	学生是否可以连贯地进行学习？	项目设计在发声器→音乐盒→电子琴→悦耳琴的递进中开展，将各学科知识串了起来。 活动中遵循实际产品开发经验，以用什么学什么的原则引导学生自主学习
4	学生自主探究过程中是否存在安全隐患？	本活动中所用皆为弱电设备，本身较为安全；且教师团队在活动的各个环节全程参与确保学生安全
5	如何在活动中保证教师团队主导地位不缺失？	本活动中，教师为项目的设计者与引导者，通过优秀的项目设计使其始终处于主导地位
6	如何避免信息技术类STEAM课程过分关注技术的炫酷。	制定与实际生活相关的目标，从项目实际出发培养学生自主探究与自我学习的能力。教师注重过程性评价而非结果性评价

续表

序号	可能存在的问题	解决预案
7	如何确保活动教学设计的科学性？	结合3位不同专业骨干教师组成的教学团队。通过研讨确保活动教学设计的科学性
8	如何顺畅地将基础性学科知识融合注入活动方案中？	在学科融合的环节中，我们可以听取各小组组长的意见，并充分发挥教学团队的作用。教学团队可以将基础性学科知识与活动方案相结合，制定出既能达到教学目标又能激发学生兴趣的方案。同时，教学团队可以针对学生的不同需求和能力，设计相应的教学策略，使学科知识能够顺利地融合到活动中，让学生能够更好地理解和掌握知识
9	如何避免STEAM教学中总结不足的缺点？	通过邀请三位不同专业的教师进行总结。每位老师可以从自己的角度出发，提出自己对项目的看法和后续改进意见。这样做可以确保总结全面，吸收各方面的意见，进而制定出更加完善的改进方案
10	学生在成果展示活动中，表现得不自信怎么办？	教师倾向于采取鼓励性评价，帮助学生树立信心，并且在之前会进行一定的培训，教师团队也会参与到成果展示的现场中

（二）解决预案

基于以往的项目实践经验，本项目将从以下三个方面解决活动中可能发生的问题：

1. 学科融合的学习型教师团队

教师团队中三位不同专业教师都是本校本专业的教学骨干，他们善于学习，具备宽广的学科视野，并具备不断自我迭代与查阅文献的能力，教师团队的融合使知识储备与指导能力大大提升。

2. 与实际紧密相连的项目化教学

活动项目的设计进一步打破学科壁垒，遵循用什么学什么的理念，将学生的注意力从分散的学科问题转向实际项目该怎么完成的问题上，注重知识与生活的联系，增强学生对知识的亲切感，使其更易理解与吸收，从而帮助他们建立信心，自主应用所学知识，探索未知。

3. 老生带新生的"传帮带"小组模式

建立以老生带新生的"传帮带"小组模式,并妥善利用云班课网络平台资源,引导学生自主解决实践中可能出现的问题。

八、预期效果、呈现形式

(一)预期效果

学生在实践的全过程中,体验了 Python 编程前沿技术,并融合电子、编程、音乐、物理等跨学科知识技能,在发声器→音乐盒→电子琴→悦耳琴的递进研究活动过程中,不断地发现问题、解决问题、调整方案,最终完成自动记谱电子琴,开展了一次完整的研究性学习。

学生有效开展小组合作,在探索中不断提升,以实验探究化解科学疑问,在创意设计及物化实践的过程中提升解决实际问题的能力和综合创新能力,以分享展示体会成果乐趣。

活动中学生将端正科学态度、树立科学思想、体验科学方法、积极探索尝试、勇于质疑反思、乐于总结分享、培养实践创新素养。

(二)呈现形式

(1)资源共享:活动成员将发生器、音乐盒、蜂鸣器电子琴、触摸屏电子琴作品和成品自动记谱电子琴的设计方案及小组研究文档上传于教学平台,与他人分享。

(2)项目最终呈现成果如下:

①输入乐谱文件播放乐曲的音乐盒实物;

②触摸屏电子琴实物;

③演奏后能够自动记录乐谱的电子琴实物;

④科技实验活动项目报告发表到区级或市级期刊 1~2 篇;

⑤学生成果展示网页。

(3)服务师生:成品自动记谱电子琴将应用为电子、编程、物理、音乐等各科授课教具,在学校科技节和技能节展示并开展科普宣传。

(4)校本课程:以学生为主体,编写校本教材并设计校本课程。

九、效果评价原则与方式

在传授知识的同时,教师团队更注重对学生能力的培养,对学生参与活动的整个过程进行检测评价。设计在线问卷,依据活动记录档案掌握学习者的思维脉络以及活动进展状态,对学习小组从活动态度、行为表现、思维品质的变化等多方面开展形成性评价。对学习小组依照自定解决方案实践、探究、修正获得的成果制品开展结果评判,并从单一的"学有所成"分析转到学生依兴趣个性发展的"学有所获"目标。注重学生成果展示与工作汇报,培育优秀成果,促进教师与学生的反思。认真听取别人的意见,不断修改与完善校本课程。

(一)评价原则

1. 过程评价与结果评价相结合

在活动实施中,通过在线学习任务单(见图 4-12,每个活动都有相应学习任务单),及时记录学生小组自主探究活动的整个过程,了解动态学习效果,通过组内、组间、教师都参与的在线评价机制及时反馈及时调节,使活动方案不断完善。教师团队在活动中担任观察者与引导者,把握学生学习路径与控制学习速度。

2. 充分发挥评价的改进和激励功能

教师尊重和爱护学生的个体差异。肯定学生的创新能力与学习潜力,通过小组互助的形式树立学生自信心,激发创造力。

3. 多维度、多角度评价

多个学科教师、活动成员、学生家长共同参与评价,综合采用组内、组间、教师与家长评价等多种评价方式。从技术水平、创新点、美观度等多个维度对学生活动与作品进行全面、客观的评价。

(二)评价方式

1. 基于云班课平台的经验值评价系统

在云班课平台中,每次参与活动都将获得经验值,教师通过设定不同

第四章 实践与案例：专创融合下的创新行业人才培养实例

图 4-12 学生项目学习任务单

活动中的经验配分，确保综合评价的公平性。对学生的创新想法、优秀协作、作品工艺等方面给予经验值奖励，促进学生各项能力的提升。

2. 小组学习评价

通过平台，学生与学生之间可以进行互评。学生可对自己以外的小组成员的学习成果、认知水平、协作能力进行评判。为避免互评全优情况，给予学生定量互评经验，使其能够根据实际情况对组间成员进行合理打分。

3. 组间评价

评价方式与组内互评基本相同，但加入了"三人行"环节，从其他小组作品中，找寻本小组作品可以参考的改进方向。

4. 云班课学习平台建设

学生能在云班课上分享学习成果，总结并展示活动得失。

本活动中跨学科的综合性学习更符合学生核心素养培养目标。与实际生活相结合的项目开发模式，降低了学生学习 Python 语言的门槛，开展跨学科的编程科教活动，以实验探究化解科学疑问，在创意设计及物化实践的过程中提升能力，以分享展示体会成果乐趣。活动趣味性强、可行性高，有效培养了学生创造性解决问题的能力。

附件1：

"'乐'玩Python"，制作记谱电子琴（详细活动步骤）

—— 学科融合下的创意编程活动方案

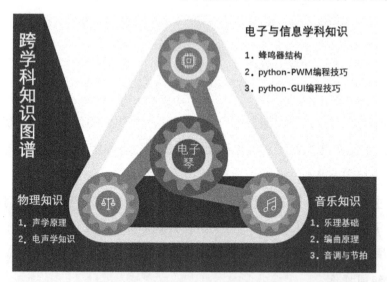

作者：徐自远
无锡机电高等职业技术学校
青少年科技创新大赛·科技教育活动方案

目 录

1. 项目1：电子发生器的制作 ································· 88
   - 1.1 复习声学原理（物理课，1课时） ······················· 88
   - 1.2 本环节评价 ··· 90
   - 1.3 项目实践：让机器发出声音（4课时） ··················· 91
2. 项目2：制作电子音乐盒 ··································· 91
   - 2.1 乐理基础（音乐课，1课时） ··························· 91
   - 2.2 项目实践：制作经典音乐盒（8课时） ··················· 93
3. 项目3：制作我的电子琴 ··································· 93
   - 3.1 项目实践：制作我的电子琴（8课时） ··················· 93
   - 3.2 项目实践：触摸屏电子琴制作也很简单哦（8课时） ······· 96
4. 项目4：悦耳电子琴制作 ··································· 96
   - 4.1 物理课：电声学原理进阶（2课时） ····················· 96
   - 4.2 项目实践：悦耳动听的电子琴 ························· 100
5. 项目5：制作能自动记录乐谱的电子琴 ······················ 101
   - 5.1 音乐课：编曲原理（音乐课，2课时） ·················· 101
   - 5.2 项目实践：能够自动记录乐谱的电子琴（16课时）······· 101
6. 分享并弹奏作品（邀请音乐与物理教师一起参与，2课时）
   ··· 101

"'乐'玩 Python"活动方案详细活动步骤

具体活动步骤分为准备、开展和总结三个阶段，具体安排与人员分配如附表 1 所示。

附表 1　活动内容与人员安排

步骤	内容	人员
活动准备（课前）	确定时间与地点（实验室）	跨学科教师团队
	确定活动内容（集体备课，与物理教师、音乐教师商讨知识点内容与活动内容）	跨学科教师团队
	准备活动材料（教师准备实验实训耗材）	跨学科教师团队
活动开展（物理 3 课时 音乐 3 课时 Python 项目式课程 52 课时）	明确活动目标、内容 1. Python 理实一体化课程（52 课时） 2. 物理课（2＋1 课时） 3. 音乐课（2＋1 课时）	以学生小组为主体 教师团队辅助
	学习/搭建/编程/实验	各小组
	活动或研究性课题小结与评价	组员、教师团队
活动总结（2 课时＋课后）	汇报个人工作，实物展示、操作演练	组员、教师团队

1. 项目 1：电子发生器的制作

1.1　复习声学原理（物理课，1 课时）

活动 1：钢皮尺弹奏声音

活动设备：钢皮尺、耳朵

钢皮尺弹奏声音实验如附图 1 所示。

具体活动步骤如下：

学生通过拨动钢皮尺，发出声音，了解声音频率与尺子长短的关系。

引导学生探究声音高低的因素，音调与声源振动频率的关系。

活动 2：寻找 C 调 DO

附图1 钢皮尺弹奏声音实验

利用手机端（Gstrings）APP 测量声音频率。

活动设备：手机、钢皮尺

Gstrings 手机端频率测量 APP 如附图 2 所示。

附图2 Gstrings 手机端频率测量 APP

具体活动步骤如下：

利用手机端调音软件 Gstrings 测量钢皮尺所发出的频率。通过调节钢皮尺，在手机 APP 的帮助下找到标准音 C 调 DO 音。

通过物理课复习初中所学的声学原理知识。并在实践中获得声音产生的原理概念，复习频率与周期的关系，关系式如下：

$$F = \frac{1}{T}$$

学生总结发声因素，并由物理教师点评。最后通过学习电声转换原理为下一节课程做铺垫。

1.2 本环节评价

通过关注学生参与活动的整个过程：设计项目任务单，对学生参与的态度、行为表现、思维品质的变化、方法跟踪评价。教师建立评价网站，通过蓝墨云班课教学平台进行推送，学生用手机登录平台，填写体验报告，上传心得体会或截图画面，并进行自评与互评。其网页截图与二维码如附图3所示：（后续每个活动都有相应学习任务单，为节省本文篇幅就不一一列举了）

附图3 学生本项目学习任务单

1.3 项目实践：让机器发出声音（4课时）

活动1：什么是蜂鸣器，蜂鸣器有哪些种类？

教师讲授无源蜂鸣器与有源蜂鸣器的区别。有源蜂鸣器与无源蜂鸣器的最大区别为是否带振荡源。这里的"源"不是指电源，而是指振荡源。有源蜂鸣器内部自带振荡源，只要一通电就会发出声音，其发声频率是固定。而无源内部不带振荡源，所以如果用直流信号无法令其鸣叫。必须使用在人耳频率范围内的交流信号去驱动它。

通过实物解析无源蜂鸣器与有源蜂鸣器构造的区别，引导学生进行蜂鸣器选型。

活动2：蜂鸣器选型与工作电路的搭建

利用蓝墨云班课平台发布的学习资料，引导学生自己搭驱动电路（见附图4）。

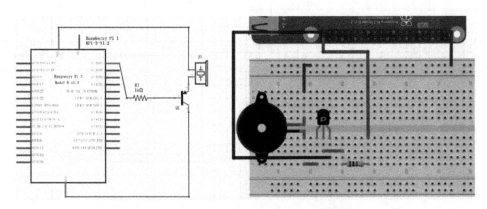

附图4　电路原理图与面包板连线图

活动3：让蜂鸣器发出 1 kHz、500 Hz、250 Hz 的声音。

学生通过学习 PWM 调制编程原理，使蜂鸣器产生不同音调的声音。通过编程练习，让蜂鸣器发出标准 1 kHz、500 Hz、250 Hz 三种频率的不同音调声音，从而体会不同频率下声音的不同。

2. 项目2：制作电子音乐盒

2.1　乐理基础（音乐课，1课时）

本节课由音乐教师主带，电子教师旁听。课程主要目的是让学生掌握乐理基础。了解组成音乐的重要基础,音调与节拍。

1. 音调与节拍

通过音乐老师的讲解,让学生了解各音调的频率,以及乐曲中节奏与节拍和时间的关系,如附表2所示。

附表2 各音调对应的频率表(左)以及音乐中的节奏与节拍(右)

C调音符(低音)	频率/Hz	C调音符	频率/Hz	C调音符(高音)	频率/Hz	拍号		含义	强弱规律
1 DO	262	1 DO	523	1 DO	1045	$\frac{2}{4}$		以四分音符为一拍每小节二拍	● ○
2 RE	293	2 RE	586	2 RE	1171	$\frac{3}{4}$		以四分音符为一拍每小节三拍	● ○ ○
3 MI	329	3 MI	658	3 MI	1316	$\frac{4}{4}$		以四分音符为一拍每小节四拍	● ○ ◉ ○
4 FA	349	4 FA	697	4 FA	1393	$\frac{3}{8}$		以八分音符为一拍每小节三拍	● ○ ○
5 SOL	392	5 SOL	783	5 SOL	1563	$\frac{6}{8}$		以八分音符为一拍每小节六拍	● ○ ○ ◉ ○ ○
6 LA	440	6 LA	879	6 LA	1755	$\frac{5}{4}$	$\frac{3}{4}+\frac{2}{4}$	以四分音符为一拍每小节五拍	● ○ ○ ○ ○
7 SI	494	7 SI	987	7 SI	1971		$\frac{2}{4}+\frac{3}{4}$		● ○ ○ ○ ○

2. 简谱的识读

音乐老师通过几首经典乐曲,让学生识读简谱并在歌唱中了解乐曲组成,如附图5所示。

附图5 识读简谱并演唱

2.2 项目实践：制作经典音乐盒（8课时）

活动1：发出标准音，并控制音的长短

引导学生利用PWM函数编程发出各个标准音符，并利用SLEEP函数，控制每个音的长短。

活动2：《我和我的祖国》音乐盒制作

小组自主探究活动：编程完成一个能演奏乐曲《我和我的祖国》的音乐盒。

通过小组间讨论和查阅平台资料，根据《我和我的祖国》简谱（见附图6），分析每个音的频率和时长，编程实现音乐盒。

附图6 《我和我的祖国》简谱

课后思考：如何利用树莓派硬件做一个调用简谱文件就能自动演奏的音乐盒？完成项目方案并设计绘制其程序流程图。

3. 项目3：制作我的电子琴

3.1 项目实践：制作我的电子琴（8课时）

活动1：按键结构与体验

（1）了解按键内部机械构成，在先前LED课程学习的基础上设计两个按键，一个按键为LED亮度增加，一个按键为LED亮度减少。

（2）为这两个按键配音。

使两个按键按下的时候会发出不同音调的声音。

学生制作的按键发声器如附图7所示。

附图7　学生制作的按键发声器

活动2：独立按键的电子琴

让学生利用7个独立按键制作不同音调的电子琴。实现7阶音符发声。完成此项目后，学生利用这个只有7个按键的电子琴演奏"我和我的祖国"。学生发现问题，由于按键太少，不够按，无法完成此乐谱的演奏。教师引导学生进入下一环节，制作16个按键的电子琴。

活动3：16音阶电子琴制作

在制作时，学生发现直接添加独立按键，树莓派上I/O口是不够的。如何利用较少的I/O接口实现更多按键的问题摆在了学生的面前。经过一段时间的讨论与查阅资料，大家把解决方案不约而同地指向了"矩阵键盘"。

学生自己将实验目标转变为：利用矩阵按键在减少I/O口的基础上完成16按键电子琴的制作。

经过小组讨论，学生发现：可以利用排列成矩阵的方式减少简谱的I/O口线的占用。在矩阵式键盘中，每条水平线和垂直线在交叉处不直接连通（见附图8），而是通过一个按键加以连接。这样做能够大大降低I/O的占用。但是硬件的改变使得软件也需要跟着改变，最终学生通过自己摸索完成了行扫描法矩阵按键的程序编写。

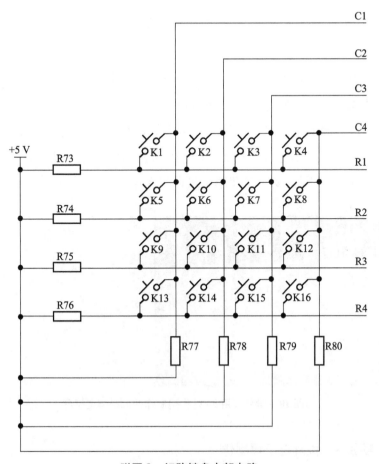

附图 8　矩阵键盘内部电路

由此，各小组充分发挥了主观能动性，完成了 16 音阶按键电子琴的制作，顺利地弹奏出了《我和我的祖国》乐曲，如附图 9 所示。

附图 9　学生用自己制作的 16 音阶电子琴弹奏出了《我和我的祖国》

3.2 项目实践：触摸屏电子琴制作也很简单哦（8课时）

活动：利用 PythonTK 画布原理，让学生制作一个触摸屏电子琴

参考黑白钢琴按键制作利用 canvas 画布制作触摸屏电子琴。

教师通过让学生熟练掌握循环语句，掌握精简代码的好处，完成黑白按键图形化界面的程序编写。最终，学生们都很好地完成了触摸屏电子琴的制作。其中第三小组仅仅用了 34 行代码就制作出了一个触摸屏电子琴（见附图 10）。教师也及时在蓝墨云班课平台上给予其鼓励。

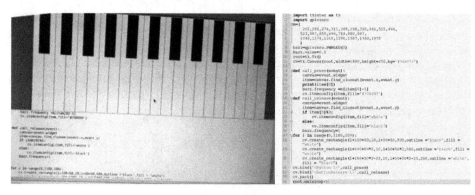

附图 10　学生仅用 34 行代码制作的触摸屏电子琴

4. 项目 4：悦耳电子琴制作

4.1 物理课：电声学原理进阶（2课时）

学生们在前面的项目实践中普遍都发现了一个问题：为什么我的电子琴不像真的电子琴那么好听？

在本节课中，物理教师就引导学生从实际的问题出发，思索探究。

讨论：为什么蜂鸣器产生的声音没有那么悦耳？

经过讨论，学生的答案五花八门。而教师团队没有直接给出标准答案，而是准备借助各种活动的开展让他们自主探究学习。

活动 1：对比各种悦耳的乐器产生的声波波形

借助物理实验室本来就有的音叉，又向音乐教师借了一些乐器后，布置给各小组任务，测量各种乐器发出声音的波形，并将其显示出来。学生

讨论如何测量乐器波形如附图11所示。

附图11　学生讨论如何测量乐器波形

小组讨论：怎么测声音的波形？

作为电子专业的学生，各小组第一个想到的方案是通过驻极体话筒将声音信号转换为电信号进行测量。然后利用示波器测量其电信号波形。测量结果如附图12。

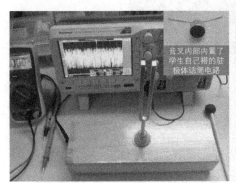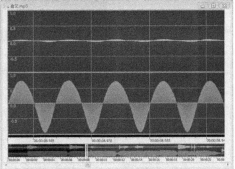

附图12　捕捉音叉发出声波波形：示波器检测（左）和录音波形（右）

学生发现，用示波器测量的波形非常杂乱［见附图12（左）］，各小组讨论了好久也没有对策。最终在音乐教师的提醒下，发现可以利用手机中的录音机完成这个任务。先将声音录下来，然后利用音乐教师提供的goldwave软件打开音频文件，显示出声音波形［如附13（右）音叉的录音波形］。学生发现音叉发出的声音是一个很标准的正弦波，此举也正好验证了物理学课本中的知识，也证明这个检测方法是行之有效的。接下来，各小组学生发挥主观能动性,分别测量了长笛、小提琴、木吉他等多种乐器,如附图 13 所示。

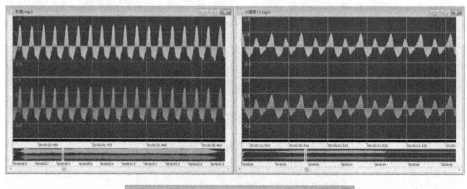

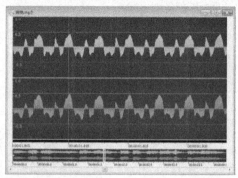

附图 13　学生测的各乐器波形:长笛(左)、小提琴(中)和吉他(右)

活动 2:对比蜂鸣器与实际乐器产生的声波波形

学生对蜂鸣器发出的声波录音并放入音频软件中分析后发现,蜂鸣器发出的声音不平滑,其波形有很多的毛刺,如附图 14 所示。学生与物理教师、电子教师讨论后,总结出问题主要出在以下几个方面。

蜂鸣器声音不好听的原因:

(1)驱动蜂鸣器的信号为 0,1 电平信号,即方波信号,其中所含的高频分量过多,所以声音听起来会比较尖锐刺耳。波形上的毛刺很好地说明了这一点。

(2)蜂鸣器发声单元没有共鸣腔,所以声音会很单薄。

(3)没有较好的功放电路,驱动电压都是正向电压,没有负压,声音

第四章　实践与案例：专创融合下的创新行业人才培养实例

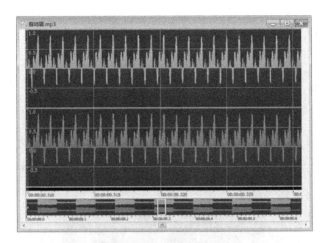

附图 14　蜂鸣器鸣叫波形

不好听。

最终，各小组统一了后续电子琴的改进方案：

（1）不能用方波产生音频信号，应该用 DAC 产生音频（树莓派上的音频输出接口，见附图 15）。

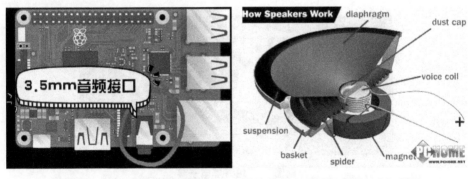

附图 15　利用树莓派音频接口（左）输出音频和利用扬声器（右）播放

（2）蜂鸣器的物理结构不适合产生悦耳的音乐，应改用扬声器播放声音。

学生们带着自己发现的问题进入物理课堂，根据自己设计的实验方案尝试解决问题。最后在音乐教师的启发下，改进了方案，完成了声音信号的检测。

通过测量，学生们分析了声音悦耳与刺耳的原因，最终讨论出两项改进意见。从而为后续转入实际操作过程打下基础。

讨论明确了这些改进意见后，各小组进入后续的实操环节。首要目标是提高原来音乐盒的音质。

4.2 项目实践：悦耳动听的电子琴

加装喇叭的音乐盒如附图 16 所示，触摸屏电子琴如附图 17 所示。

附图 16 加装喇叭的音乐盒

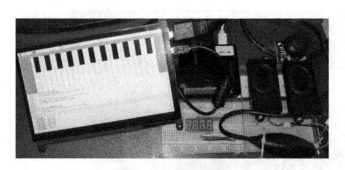

附图 17 触摸屏电子琴

活动：制作悦耳动听的音乐盒

学生在教师的指导下利用树莓派上的 3.5 毫米音频接口输出 WAV 格式的音乐。通过手机将音乐教室的各音调的钢琴声录制成 WAV 的音频格式，然后再利用 Python 程序调用这些 WAV 文件，演奏出来的乐曲确实变得悦耳动听了起来。

5. 项目5：制作能自动记录乐谱的电子琴

5.1 音乐课：编曲原理（音乐课，2课时）

本教育活动最终是由学生综合运用知识和技能，自主创新，制作一个能根据弹奏自动记录乐谱的电子琴。编写输出乐谱需要一定的编曲知识，由音乐教师来教授活动相关的简谱编曲乐理知识，如附图18所示。

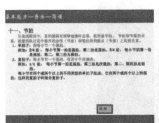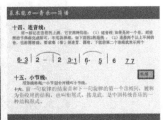

附图18 音乐教师教授简谱编曲乐理知识

5.2 项目实践：能够自动记录乐谱的电子琴（16课时）

进入学生自主创新阶段，学生们需要分组完成能够自动记录乐谱的电子琴。根据前面所学的内容，学生们通过云班课平台中的学习资料自学Python的文件存储编程方法。最后所有的小组都完成了任务，制作了各式各样的自动打谱电子琴，如附图19所示。

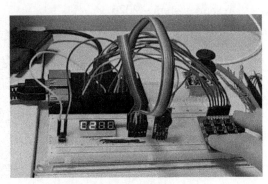

附图19 自动打谱电子琴界面（左）和自动打谱电子琴操作（右）

6. 分享并弹奏作品（邀请音乐与物理教师一起参与，2课时）

经过一系列活动后，每个小组都完成了他们的作品。学生们都很高兴，他们把音乐教师和物理教师一起邀请了过来，共同检验他们的成果。音乐教师逐一弹奏他们制作的电子琴，并一一给出评价（见附图20）。在音乐教师即兴弹奏音乐的过程中，设备也将教师弹奏的乐曲实时记录了下来，变成了谱子。

附图20　由音乐教师演奏音乐并评判

物理教师与电子教师从原理上分析后续可以改进的地方。引导他们继续开发自己小组的作品。鼓励他们把作品带回家与父母分享，享受成果的喜悦。

参考文献

[1] American Institutes for Research. STEM 2026：A vision for innovation in STEM education ［EB/OL］.［2016 - 09 - 14］. https：//www. air. org/resource/stem - 2026.

[2] 赵慧臣，陆晓婷. 开展 STEAM 教育，提高学生创新能力：访美国 STEAM 教育知名学者格雷特·亚克门教授［J］. 开放教育研究，2016，22（05）：4 - 10.

[3] MICHAEL G. Coaching teachers to implement innovations in STEM［J］. Teaching and Teacher Education，2018（76）：25 - 38.

[4] BELL D. The reality of STEM education，design and technology teachers' perceptions：A phenomenographic study［J］. International Journal of Technology & Design Education，2015（1）：1 - 19.

[5] MORRELL P D，Popejoy K. Scientific inquiry/engineering design［M］. Boston：Sense Publishers，2014：83 - 105.

第二节　发展特长，因材施教（1个案例：设计制作我的3D虚拟展厅——三维建模与虚拟现实技术体验活动方案）

摘要

虚拟现实技术是近年来在计算机领域引起广泛关注的技术。在多维信息空间中建立和谐的人机交互环境是信息技术的发展目标之一，虚拟现实技术是实现这一目标的关键技术。虚拟场景漫游是虚拟现实技术在城市规划、建筑设计和航空航天及军事技术方案演示、验证与评价方面的综合应用，它将带来相关领域应用上的革新性发展。学生对于三维虚拟现实体验技术很感兴趣，对体验三维虚拟现实的活动积极性较高。分析以往开展的活动，多是让学生体验已建成的虚拟现实场景，并不能参与其中，学生代入感较差。

本活动方案首先通过VR眼镜进行三维体验，提升学生学习兴趣，然后使用教师自制的三维空间建模仪让学生对复杂空间进行快速建模与贴图，接着学习三维软件完成简单模型的设计与制作，之后通过三维扫描仪完成人像等复杂模型的建模与贴图渲染，最后让学生将完成的空间模型、简单模型与人像模型整合完成自己的虚拟三维空间。通过3D打印，U3D Web技术输出成果。在这种传统体验＋动手实践的思路下，不但激发了学生对科学的兴趣，锻炼了动手能力，还让学生将自己制作的三维展厅供人参观，和同学分享，很好地提升了学生的学习兴趣。

本活动方案分三个部分：

1. 体验环节

体验环节分为VR场景体验、虚拟校园漫游、室内设计三维体验三个部分。

2. 三维模型设计与制作环节

模型设计与制作环节分为：室内空间的测量与三维建模，室内空间三维模型的实景渲染，3D建模工具基础学习，建筑模型的整合与建模，简单三维模型（机器人零件）的设计与制作，复杂三维模型（人像）的设计与制作六个部分。

3. 成果分享环节

成果分享环节让学生可以利用 3D 打印机打印建模结果，也可以利用 U3D Web 技术，体验自制三维立体场景。

"我的 3D 虚拟展厅课程设计"思维导图如图 4-13 所示。

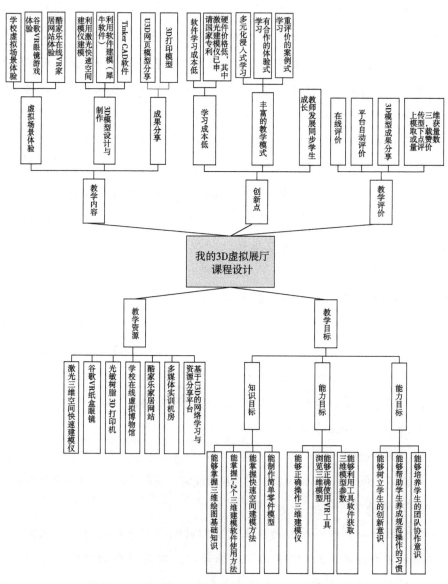

图 4-13 "我的 3D 虚拟展厅课程设计"思维导图

关键字：虚拟现实技术；VR技术；3D打印；虚拟场景建模

一、活动背景

虚拟仿真技术自诞生以来不断发展，因其能带来全方位的体验感，逐渐应用于军事、航空等各个领域，除了数字城市的建设规划等，更重要的研究是此技术在对交互度和可视化数据要求更高的监控和救援指挥平台建设上的应用。

室内空间数据的采集获取和建模是能顺利开展以上应用研究的前提和基础，一切交互都要以室内模型为载体。在学校开设的专业三维建模课程，一般要求学生具有平面布局能力、空间设计能力以及空间表现能力，专业要求高、入门难度大。而科技教育的目标就在于用易操作好理解的方式方法引领学生入门，提升学生对专业的兴趣。在前期的创新活动中，笔者开发的三维空间建模仪与自制的三维扫描仪顺利地解决了这个引领问题，打破了学生的知识基础门槛，快速高效地完成空间建模，并通过3D打印技术将学生对空间位置的设计与格局思考转换为模型实体。学生通过学习三维软件建立简单模型，并通过三维扫描仪扫描复杂三维模型。

学校长期开展科技创新社团活动，为创新课程的开设和推广打下了坚实的基础，学生参与面广、积极性高。

二、活动目标

（一）知识与技能

了解三维建模基础知识，能够熟练利用三维引擎浏览3D模型，尝试利用三维空间建模仪对真实场景进行建模并渲染墙面。能够利用三维设计软件设计简单模型，尝试利用3D打印技术进行非标零件的设计与制作等研究性学习。

（二）过程与方法

通过体验式和探究式的教育活动，学生能够参与一次完整的虚拟现实体验、三维建模、环境渲染、模型打印及分享的实践活动。能够综合运用三维空间建模、3D打印技术等先进的科学知识和技术，体验科技的乐趣，建立三维空间设计的知识体系，通过交流与探讨亲自参与前沿科技的探索，提高实践能力。

（三）情感态度与价值观

结合教育活动的实际操作，培养学生主动分析问题、解决问题的能力。通过知识指导和技术辅助，将学生的好奇心转换为学习意愿，提升学生对专业学习的兴趣，让学生了解新兴技术，激发学生的创新热情，培养学生的科学素养。

三、活动参与对象

（一）活动成员构成

依托我校创新社团，面向1年级到3年级招收对三维空间建模感兴趣的学生，为保证活动质量，人数控制在20人以内。每周二、周三、周四13:30—15:00开展社团活动。学校创新社团聘书和学校科研社团聘书如图4-14所示。

图4-14 学校创新社团聘书（左）和学校科研社团聘书（右）

（二）学情分析

1. 能力方面

参与创新社团的学生已经经过筛选，很多学生为学校技能大赛集训队选手，但长久以来学生习惯于按部就班的学习方式，自主探究能力不足。他们普遍动手能力较强，也有很好的知识接受能力。

2. 知识方面

学生都玩过三维游戏，对三维场景已经有了一定的认识，但没有接触过三维建模，没有任何建模软件基础。

3. 情感方面

91%的学生认为专业技能课程对以后从事的岗位有较大帮助，16%的学生有清晰的职业生涯规划。

其中，本校各技能大赛集训队成员由于具备较强的专业能力和较好的学科素质成为核心主力成员。

四、活动内容

本活动方案分三个环节让学生体验虚拟现实技术：①体验环节；②制作环节；③成果分享环节。三个环节循序渐进，先培养学生兴趣，然后动手制作属于自己的三维场景，最后把场景与模型通过3D打印的实物与虚拟U3D Web展厅的形式进行成果分享。活动内容设计如表4-5所示。

表4-5 活动内容设计

序号	主活动	活动名称	活动内容	活动课时
1	虚拟场景体验	虚拟场景体验	通过手机VR设备体验与布置场景	4课时
2		虚拟校园漫游	在本校图书馆进行虚拟校园漫游体验	4课时
3		室内设计与布置体验	通过酷家乐等在线装修网站进行室内三维设计	8课时

续表

序号	主活动	活动名称	活动内容	活动课时
4	三维模型设计与制作	室内空间的测量与三维建模	学生使用教师自己研发的激光快速空间建模仪,分组对各个实验实训室进行测量建模	8课时
5		室内空间三维模型的实景渲染	各组对使用建模仪测量并建立的实验实训室三维模型进行表面贴图和渲染	8课时
6		3维建模工具基础学习	学习三维建模工具(犀牛软件)的使用,掌握使用工具软件进行三维模型的设计与制作流程	20课时
7		建筑模型的整合与建模	小组协作,将测量建立的室内空间模型,整合成完整的教学楼模型,体验建筑建模	8课时
8		简单三维模型(机器人零件)的设计与制作	灵活运用三维建模工具软件,根据自己的设计,规划尺寸和结构,设计并制作小型物体的三维模型	20课时
9		复杂三维模型(人像)的设计与制作	利用KINECT体感摄像头自制三维扫描仪,扫描人像,并建立三维模型	6课时
10		利用建立完成的模型,完成自己的三维虚拟展厅	利用犀牛软件,导入已完成的三维模型,将其整合成自己的展厅	6课时
11	成果分享	利用3D打印机打印建模结果	通过操作3D打印机,建立属于自己的模型	24课时
12		利用U3D Web技术体验自制3维立体场景	通过U3D Web技术体验自制的3D立体场景	4课时
总课时数			共120课时	

具体活动方案见活动过程步骤。

五、活动难点、重点及创新点

(一)难点

根据学生特点,合理制定方案,分阶段引导学生循序渐进地运用各项科技知识完成活动目标，培养学生的科学素养，让其体验创新的乐趣。

采用适当的教学辅助设备，使学生从零基础起步、快速入门，先体验后学习，保持活动的趣味性和学生学习的积极性。

通过实践活动，对学生合理进行分组及组内分工，组织学生进行有效的探索活动，设计实时的反馈方式，及时引导学生掌握新知识，提高实践能力。

（二）重点

通过以学生为主体的科技教育活动，引导学生在实践活动中体验并领会三维设计和建模的知识，将学生的好奇心转换为学习意愿。

通过辅助教学设备空间建模仪和三维扫描仪等的使用，形成基础的三维空间设计知识体系，并学会三维建模工具软件的基本操作。学生根据自己的兴趣点与能力分组协作，组建完整的建筑模型，完成不同能力层次的模型设计和制作。

将学习成果通过3D打印、虚拟实景展示等多种方式进行分享，让学生了解新兴技术，激发学生的创新热情。

（三）创新点

1. 活动的前沿性

三维建模是一个新生事物，技术上还处于不断发展的阶段。目前，国内开展三维建模教育活动的学校逐渐增多。我们开展三维建模教育活动，既是让学生即时掌握科技前沿知识的重要方式，也是对教师的挑战，因为缺乏可以借鉴的先例，需要指导教师不断学习与摸索。

2. 活动路径的创新

三维建模教育的常规活动一般是围绕学习三维建模基本知识、操作三维软件、建立简单三维模型、学习通过3D软件制作简单的模型等方面展开。我们对活动进行了大胆的拓展，首先通过各种手段让学生体验三维虚拟技术，然后利用三维空间建模仪建立规整的空间模型，利用建模APP快速地渲染三维空间墙面，利用三维建模工具整合空间模型，完成校园教学楼楼体与简单物品的三维模型设计，最后利用三维扫描仪扫描人像等复杂模型，整合所有模型，形成自己的三维虚拟展厅，并通过成果展示环节展示自身作品。在活动中让学生充分体验自己动手的乐趣，激发他们的创造力。普通三维课程教学方式与本活动教学路径对比如图4-15所示。

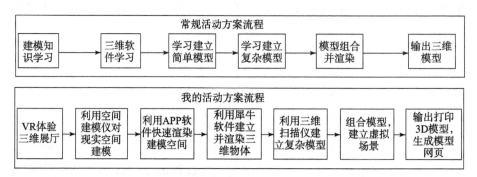

图4-15 普通三维课程教学方式与本活动教学路径对比

3. 以学生为主体、注重个性化发展

活动开展的根本目的是促进学生的发展，所有的活动以学生为主体，以小组为单位建立校园模型。通过团队协作在教师的指导下完成非标零件的三维设计与制作，最后移动搬运机器人实体。通过自制的三维扫描仪，扫描并建立人像等复杂三维模型。

4. 培养学生骨干，形成帮带氛围

这部分参与活动的学生经历了摸索、总结、校本课程编写等过程后，成长为今后开展活动的骨干力量，为新一届学生活动的开展打下基础，形成教师为辅、学生骨干为主，骨干带新生的活动模式。

六、科技教育资源利用、方案的可行性

（一）实验室资源

我校从2014年起建成了"创新学习中心"，设有3D打印兴趣社团、单片机开发社团。其中3D打印兴趣社团拥有Makerbot R2打印机1台、自制开源Reprap打印机1台，自制三角洲打印机2台、DIY光敏树脂打印机

1台、电脑若干。部分3D打印机如图4-16所示。

图4-16 本活动中用到的三D打印机

2015年下半年我校建成了3D打印实验室（见图4-17）。其中配备三D打印机40台，高性能电脑40台，本社团成员开始有了固定的研发基地。

图4-17 3D打印实验室

硬件的配套使本课程实训场所得到保证，学生能在自己的实验室利用课余时间研究和制作自己感兴趣的三维模型。

（二）网络教学平台与资源

硬件与软件结合才能更好地改善学生的学习效率。本方案中教师通过搭建蓝墨云班课平台（见图4-18）发布本活动的任务与学习资料，组织课堂活动，统计学生作业完成情况。通过此平台能全面实时地了解学生学习情况。学生也能将自己完成的作品上传其中，供教师点评，或和其他同学分享。

专创融合：职业学校创新人才培育理论与实务

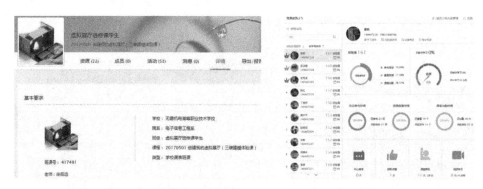

图 4-18　蓝墨云班课网络资源平台（左）和成员学习情况（右）

结合上述软硬件资源后，学生开始有了学习工具与软件平台，为了提升学生的学习兴趣，加快掌握三维模型设计与制作的流程，教师还在课程中加入了几个自制教学设备。

（三）自制教学设备资源

1. VR 眼镜

利用谷歌 Cardboard 2 代 VR 纸盒眼镜，让学生进行三维 VR 体验。从中，学生可以尝试三维空间游览与互动，提高了学习的积极性。纸盒眼镜成本低廉，通过创新社团经费配套，让学生人手一个，满足学习需求。

2. 自制的激光空间建模仪

教师自制的激光建模仪为本次方案中主要立体空间建模设备（见图 4-19）。由于其成本较为低廉，通过创新社团经费配套，满足学生人手一个的需求。让学生能随时随地将其与手机连接，对现实空间进行建模与渲染，真正实现了 BYOD（自备设备）的学习模式。

 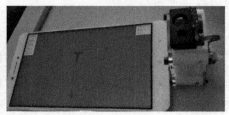 

图 4-19　激光快速空间建模仪（左）、建模 APP 软件（中）和专利受理（右）

（四）自制的基于 KINECT 的三维扫描仪

对于一些复杂物体（例如人像），学生暂时没有能力通过三维软件制作成型，通过让学生使用 KINECT 体感设备自制三维扫描仪并利用 SKANECT 软件进行实物扫描与表面贴图渲染（见图 4-20）。

图 4-20　KINECT 体感设备与转接头（左）以及 SKANECT 软件（右）

本方案的制定与开展符合学生的认知水平与能力。笔者通过查阅众多文献资料，舍弃了复杂 3D 设计软件，制定了符合学生实际认知的活动。我们从已经开展的部分活动中积累了宝贵经验，为预研和规划新的活动提供了方向。

七、具体活动过程步骤

具体活动步骤分为准备，开展和总结三个阶段，具体安排与人员分配如表4-6所示。

表4-6 活动内容与人员安排

步骤	内容	人员
活动准备（课前）	确定时间与地点（三维建模实验室）	教师
	确定活动内容（教师备课、学生预习）	教师
	准备活动材料（教师准备实验实训耗材）	教师
活动开展（120课时）	明确活动目标、内容 1. 虚拟场景体验环节（16课时） 2. 三维模型设计与制作（76课时） 3. 成果分享环节（28课时）	以组员为主体，教师辅助
	学习/操作/三维建模/实验	组员
	活动或研究性课题小结与评价	组员、教师
活动学期总结（28课时+课后）	汇报个人工作，实物展示或操作演示	组员、教师

（一）虚拟场景体验环节

1. 虚拟场景体验（4课时）

虚拟现实（Virtual Reality，VR），是近几年在科技圈最火爆的词。简单来说，就是利用电脑模拟产生的一个三维虚拟场景，提供用户关于视觉、听觉、触觉等感官的体验，让用户如同身临其境一般。随着产业的成熟，一些极具创意的功能被开发，VR将无所不能。通过浏览在线虚拟博物馆（见图4-21）或手机VR应用，学生首先对3D虚拟展厅有一个感性认识。

活动设备：谷歌Cardboard 2代VR纸盒眼镜（见图4-22）

本方案为节省成本考量，为学生提供可利用手机屏幕观看的简易穿戴

第四章 实践与案例：专创融合下的创新行业人才培养实例

图 4-21 在线虚拟博物馆

式 VR 设备：谷歌 Cardboard 2 代 VR 纸盒眼镜。其成本仅为 30 元，通过申请学校创新社团经费，为每个学生配备此款眼镜，减轻了学生负担。其组装效果如图 4-23 所示。

图 4-22 谷歌 Cardboard 2 代 VR 纸盒眼镜

具体活动步骤如下：

通过 VR 眼镜配合手机 APP 体验虚拟现实技术，其中 APP 应用示意图如图 4-24 所示。学生可以利用现有 APP 自己拍摄全景图片并进行浏览，或者也可以通过 VR 设备观察深海鱼类，或者病毒的微观世界等。

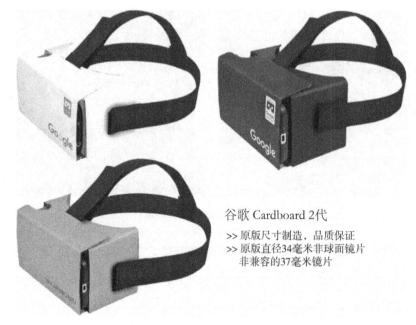

谷歌 Cardboard 2代
>> 原版尺寸制造，品质保证
>> 原版直径34毫米非球面镜片
　　非兼容的37毫米镜片

图4-23　谷歌 Cardboard 2 代 VR 纸盒眼镜组装效果

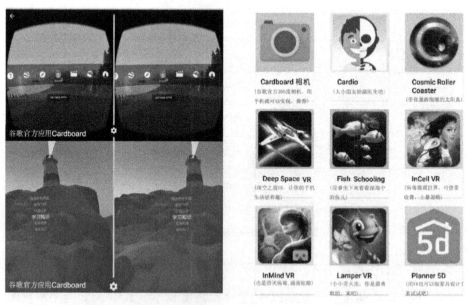

图4-24　谷歌 VR 眼镜官方推荐应用（左）和 VR APP（右）

第四章 实践与案例：专创融合下的创新行业人才培养实例

本次活动将会用到以下几个应用（应用将不断更新），表4-7为活动中将应用的 APP 软件列表。

表4-7 活动中将应用的 APP 软件列表

序号	虚拟体验 APP 名称	应用描述以及能达到的效果
1	Cardboard 相机	谷歌官方360°相机，用手机能实现360°照片的 VR 浏览
2	Cosmic Roller Coaster	可以带你遨游绚丽的太阳系
3	Fish Schooling	探索深海中的鱼儿，可通过 VR 显示
4	InCell VR	病毒的微观世界
5	InMind VR	消灭病毒的应用，画面炫酷
6	Lamper VR	小小萤火虫，勇敢的萤火虫
7	Planner 5D	通过 VR 设计家具的应用
8	Snow Strike VR	通过 VR 眼镜进行打雪仗的游戏

2. 虚拟校园漫游（4课时）

我校已建有三维虚拟校园引擎，本社团成员通过授权，进入学校图书馆（见图4-25），体验学校虚拟校园漫游活动。虚实结合的活动能大大提高学生对建立自己三维展厅的憧憬。

图4-25 我校图书馆展厅

活动设备：学校图书馆三维漫游设备，校园虚拟漫游软件

通过我校图书馆三维虚拟漫游设备引导学生在虚拟校园中进行漫游

活动。

具体活动步骤如下：

在学生体验三维展厅时，教师实时提醒学生注意三维模型的细节处理，为今后的模型建立学习打下基础。

学生通过上述体验活动，了解了什么是3D虚拟展厅以及三维模型是如何利用的，从而引导出下面一个环节——三维模型的制作。我校校园实景如图4-26所示，虚拟校园三维漫游如图4-27所示。

图4-26　我校校园实景

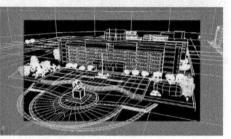

图4-27　我校虚拟校园三维漫游

3. 室内设计与布置体验（8课时）

在上个活动中，学生对三维空间已经有了一定的体验，接下来的环节需要让他们能够对三维空间有一个了解。笔者在制作三维空间建模仪时与大型家庭装潢设计网站（酷家乐）有过合作，所以本环节中继续与酷家乐网站合作进行室内设计与布置体验。

活动设备：多媒体机房，有线网络，酷家乐在线设计软件

酷家乐装修网（见图4-28）是中国顶尖的家居装修装饰网，能为用户提供权威的室内装修设计方案、户型图绘制工具、装修效果图、装修知识等服务。其网址为：https://www.kujiale.com。由于笔者在制作三维空间建模仪中与酷家乐网站有合作，所以通过交流向其申请免费VIP设计账号50个。

图4-28　酷家乐装修网首页

具体活动步骤如下：

通过注册酷家乐网站，首先让学生在系统给出的样板间中漫游，该网站同样支持使用VR眼镜进行虚拟游览。该网站上手速度快，学习较为简单，学生也可以在此网站中熟悉三维空间的各种操作，如缩放、三维角度旋转和三维物品的放置等操作，这些操作步骤与之后要学习的三维软件是一样的，与学生后续的学习衔接度较高。

网站中有许多设计案例，学生可对其设计样板间进行漫游操作，以熟悉三维操作方式。同时，提醒学生观察三维模型展示细节与注意事项，为后续的设计做好准备。酷家乐样板间漫游如图 4-29 所示。

图 4-29　酷家乐样板间漫游

最后，学生选取标准房间模型，在其中布置设计空间。学生通过选择家具或电器进行摆放，可熟悉三维操作环境，为今后的三维建模软件学习打下基础。学生在设计中也体验了动手操作的乐趣。酷家乐室内在线三维场景设计如图 4-30 所示。

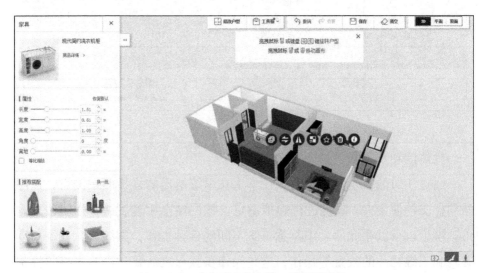

图 4-30　酷家乐室内在线三维场景设计

4. 本环节评价体系

通过关注学生参与活动的整个过程：设计评价表，对学生参与的态度、行为表现、思维品质的变化、方法跟踪评价。教师建立评价网站，通过蓝墨云班课教学平台进行推送，学生用手机登录平台填写体验报告，上传心得体会或截图画面，并进行自评与互评。其评价表格为在线表格，其网址为：http://yingkebao.top/f/5a24a76abb7c7c696ff80269，网页截图如图 4-31 所示。

图 4-31　虚拟场景体验任务单

教师通过教学平台与二维码将评价表格进行分享，并实时统计收集学生填写的心得等信息。

由于学生兴趣点和能力的差异，评价不应该拘泥于"学有所成"，更应关注学生的兴趣，学有所获。注重学生成果展示与工作汇报，培育优秀成果，促进教师与学生的反思。认真听取别人的意见，不断修改与完善本活动方案。

（二）三维模型设计与制作环节

参与本社团的学生对三维建模与建模软件都是"零"基础，所以一开始讲解枯燥的三维软件用法会让学生产生厌学情绪，难以调动起他们的学习积极性，所以本活动方案推翻了原来先讲再做的学习方式，通过教师研发的三维空间建模仪让学生先对建立模型有了感性认识，再开始三维建模软件的学习，这样的做法不但可以加快学生的上手速度，而且提高了他们的学习积极性。

1. 室内空间的测量与三维建模（8课时）

通过体验环节学生对三维环境和操作有了感性认识，然后进入实际的操作环节，建立三维模型。在学生系统学习三维设计软件之前，先选择学生更容易接受的教育活动方式来开展建模活动。

活动设备：激光快速空间建模仪，手机端配套 APP

使用教师自己研发的激光快速空间建模仪（见图 4-32），其可以替代传统的手工测距、草图绘制、电脑三维建模等三步走复杂过程，直接根据现场采集到的数据，在配套的手机软件上直接生成被测空间的三维模型，操作便捷。快速空间建模仪专利受理和辅导员国赛一等奖证书如图 4-33 所示。

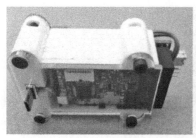 

图 4-32　激光快速空间建模仪（左）和建模 APP 软件（右）

图4-33 快速空间建模仪专利受理(左)和辅导员国赛一等奖证书(右)

具体活动步骤如下:

组织学生从身边最熟悉的室内空间——各个实验实训室开始,分组进行测量建模。在学生的手机上预装好APP软件后,每组学生分发一台建模仪设备,通过USB-OTG接口与手机连接,直接使用。建模系统简易框图如图4-34所示。

允许学生根据组内情况,反复测量建模,直至模型参数与后勤处提供的设计图纸数据误差在可接受范围内,确定三维空间模型结构。在测量建模过程中,引导学生思考误差产生的原因以及解决方法,养成分析问题、解决问题的科学研究习惯。

三维空间建模仪设备操作步骤如下,操作流程如图4-35所示:

测量步骤1:将激光测距模块与移动终端通过USB口连接,移动终端为主机,激光测距模块为从机,移动终端通过USB-OTG协议为激光测距模块供电。

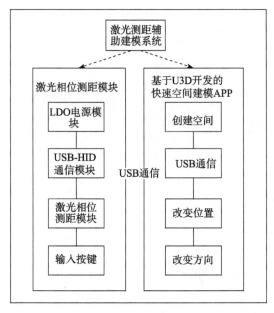

图 4-34　建模系统简易框图

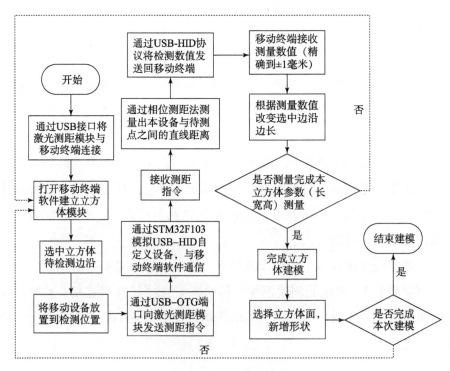

图 4-35　设备操作流程

测量步骤2：打开移动端软件建立立方体模型，选中立方体待检测边沿，并将移动端设备放置到检测位置。通过 USB – OTG 端口向激光测距模块发送测距指令。

测量步骤3：通过激光测距设备模拟 USB – HID 自定义设备，与移动端软件通信，接收测距指令。通过激光相位测距法测量出本设备与待测点之间的直线距离，通过 USB – HID 协议发送至移动终端。移动终端接收数据，并根据数据改变软件中选中边沿的边长。重复上述动作，测量出立方体的长宽高参数，立方体建模完成。

测量步骤4：新增形状，建立模型。直至模型与实际测量空间相符。

在这个环节中，教师设计了测量建模任务单模板。学生完成建模后可通过填表 4 – 8 上传成果。

表 4 – 8　测量建模任务单模板

所测实验实训室	
小组成员	
测量数据记录	组员分工：
	测量结果 1： 长（　）米　宽（　）米　高（　）米 测量结果 2： 长（　）米　宽（　）米　高（　）米
活动总结	建模情况：
	遇到的问题： 解决的方法：
活动感受	

教师将纸质评价表格转换为在线表格进行发布，从而方便学生填写，也为后续的数据收集打下基础。其网址为：http://yingkebao.top/f/5a23c485e7aea9707657d110

通过蓝墨云班课教学平台发布任务，学生能很方便地进入成果评价网页上传作品,填写心得体会(见图 4-36)。教师也能通过平台实时了解学生学习情况与学习进度。

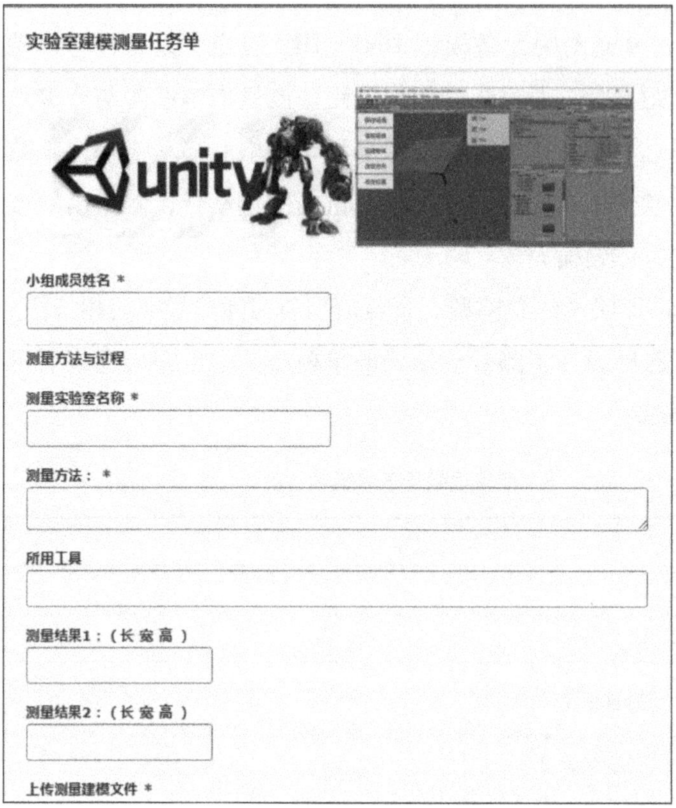

图 4-36 在线评价网页(左)与其网页分享二维码(右)

2. 室内空间三维模型的实景渲染(8 课时)

3D 模型的制作,最后是为虚拟实景体验服务的,因此除了建立三维空间模型这一个框架外,还需要加入实景,如墙面背景等。这就需要对建立的三维模型进行三维表面贴图和三维模型表面渲染。APP 软件渲染墙面如图 4-37 所示。

活动设备:激光快速空间建模仪,手机端配套 APP

具体活动步骤如下:

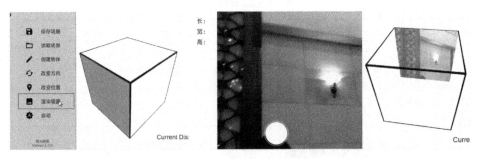

图 4-37　APP 软件渲染墙面

与建模仪配套开发的 APP 软件，可以直接完成这个操作。学生在确定三维空间模型之后，直接选中空间模型中需要渲染实景的墙面，调用相机拍摄对应墙面，贴图渲染完成。其操作流程如图 4-38 所示。

图 4-38　墙面渲染软件操作流程

完成后，直接导出建模文件，完善各个小组的 3D 模型。

3. 三维建模工具基础学习（20 课时）

本任务的目的是让学生学会设计简单的三维模型作品。国内外有种类繁多的 3D 设计软件，经过调研与试验（三维设计软件横向对比如表 4-9 所示），结合学生的实际，笔者选取了两款简便易学的软件：犀牛（Rhino 5.0）（单机版 www.xuexiniu.com/）与 TinkerCAD（在线软件 https://www.tinkercad.com），这两款软件是世界著名的三维设计软件，操作相当人性化，类似于搭积木式的设计方式。这两款软件最大的优点是其体积小巧适合入门学习。其中犀牛软件安装包仅有 500MB，而 TinkerCAD 软件为在线设计网站，直接在网页上就可以进行三维设计，不需要安装。对比那些动辄十几 GB 的大型三维设计软件，我们精挑细选了这两款软件用于学生入门学习。

表4-9 三维设计软件横向对比

调研软件名称	市场定位	应用范围	优缺点	特点	安装包
美国PTC公司的高端PRO/E	从三维设计、分析、仿真/优化、数控加工、布线系统到产品数据管理等各方面都有相应模块	PRO/E比较适合做小型的东西	PRO/E曲面功能不是太强	模具行业通用居多,用于设计、编程、分模	巨大
美国UGS公司的高端UG	在高端多轴精密加工市场占有领先地位,但其设计软件市场占有率不高	专业模型设计领域	解算能力强,同样一个小倒角实体,UG能薄出很厚的壳体,精度高	功能强大,可以轻松实现各种复杂实体及造型的建构	巨大
法国Dassault公司的高端CATIA	高端设计软件CATIA,分为P1、P2、P3三个平台,其中P1平台功能、价格和Solidworks类似	软件不擅长实体零件、参数化设计	曲面造型功能尤为突出	与Windows平台兼容性不够友好,经常跳出	巨大
法国Dassault公司的中端Solidworks	Solidworks的内核是租用UG的Parasolid	定位为专业用途软件,收费高	Solidworks在曲面上强。Solidworks能够提供不同的设计方案、减少设计过程中的错误以及提高产品质量	较为专业	巨大
Autodesk公司的Inventor	美国Autodesk公司AutoCAD的三维版本	定位专业,模型设计	Inventor在与AutoCAD的数据交换上强	较为专业	巨大
犀牛Rhino3D	在复杂度、角度和尺寸方面没有任何限制	是一个"平民化"的高端软件	对建模数据的控制精度非常高,因此能通过各种数控成型机器加工或直接制造出来	主打"平民化"的高端软件,易于上手	较小

确定了软件,教师从图书馆为学生挑选了三维设计入门教材,如图4-29所示。其中TinkerCAD网上没有对应的教材,所以通过上网搜索,笔者找到一篇由Bonnie Roskes等人写的《TinkerCAD简易使用手册》

(*Getting Started in Tinker CAD*)。为方便学生学习，笔者对手册进行了翻译，做成校本教材（见图4-39）分发给学生交流。

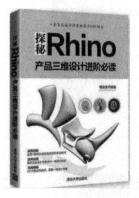  

图4-39 图解3D打印教材（左）与校本教材（右）

通过教学让学生尽快掌握犀牛（Rhino 5.0）和TinkerCAD的基本使用方法，如图4-40所示。从而激发他们设计很多简单有趣的作品，并将这些作品分享到Thingiverse，其中一些样品如图4-41与图4-42所示。为后续活动的开展打下良好的基础。

图4-40 社团学生进行3D设计软件学习

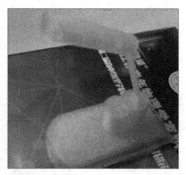

图 4-41　学生设计并打印的杯子（左）和台灯（右）

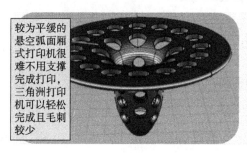
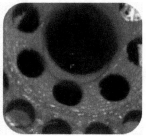

图 4-42　学生设计的水池防堵漏塞已在学校水池中使用

4. 建筑模型的整合与建模（8 课时）

学生对三维建模软件有了一定了解后，进入下一个环节——实际模型的制作。本环节引导学生利用三维空间建模仪与三维软件结合制作教学楼三维模型。

活动设备：三维空间建模仪，手机 APP，多媒体机房

在此环节中教师引导学生以小组为单位将三维空间建模仪建立的模型导出并整合起来。然后利用三维软件将各模型进行拼接，制作学校教学楼的三维模型。

具体活动步骤如下：

以小组为单位制作学校教学楼三维模型，教学楼三维实体模型如图 4-43 所示。教学楼中的各个教室通过三维空间建模仪建立完成，其塔尖、外墙等无法用建模仪测量的模型则利用三维软件进行简单建模。

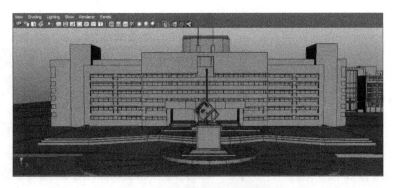

图4-43 教学楼三维实体模型

教师设计了学生小组分工表，如表4-10所示。首先让学生填写，并明确分工，然后由组长安排组员分头完成三维模型的导入、建立、拼接和渲染工作。这样做既锻炼了学生的协作能力，又能够让他们练习三维软件的使用方法。

表4-10 学生小组分工表

成员	学生姓名	负责工作	测量与整合模型
组长			
组员2			
组员3			
组员4			
组员5			

完成三维建模后，对学校外墙进行简单渲染，如图4-44所示。

图4-44 制作我校建筑三维模型并渲染墙面

5. 简单三维模型（机器人零件）的设计与制作（20课时）

有了自主设计复杂零件的基础，教师设计了一个根据实际测量建立模型的活动环节，利用我校已有的移动机器人（其底盘见图4-45），设计任务为在其基础上，增加机械手抓装置，要求学生通过设计添加摄像头支架、手爪等各种非标零件。

图4-45 移动机器人底盘

本次活动的重点为根据具体的工程尺寸，测量并自主定制机器人三维零件模型。

进入本次活动的重点，利用犀牛软件根据机器人的连接件完成属于自己的机器人定制零件模型。

（1）机器人上肢同步带紧固件。

机器人上肢的夹紧机构使用同步带进行传动，但市场中并没有对应的同步连接配件在售卖，所以这个零件只能由学生自己设计并建模完成。其中机器人上肢机构使用的GT20同步带如图4-46所示。

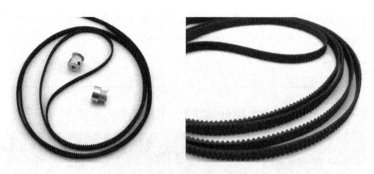

图4-46 GT20同步带

引导学生经过思考，使用三维软件制作了两种不同的同步带连接件，其中第一版为水滴形连接件（见图4-47），其原理为通过同步带同步齿自锁的方式锁紧同步带，其优点为可以方便地进行拆线与同步带松紧调节。

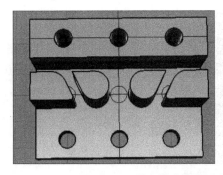 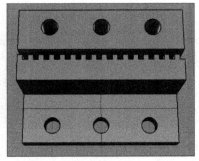

图4-47 同步带连接件（左为第一版，右为第二版）

但第一版的连接件有一个问题，当同步带张紧时（特别是手爪电机锁紧时）由于应力的变化会导致卡扣的松动。所以学生在第一版的基础上设计了第二版卡扣版同步带连接件，很好地解决了同步带松动的问题。机器人上肢同步带紧固件与实物如图4-48所示。

图4-48 机器人上肢同步带紧固件与实物

（2）2020铝合金支撑连接件。

本次设计中使用的机器人框架为标准2020铝合金型材。考虑到系统的稳定，使用斜拉杆支撑整个机器人上肢机构。原先使用2020活动铰链[见图4-49（左）]来连接斜拉支撑杆，但学生发现2020活动铰链在运行中容易产生松动，不能很好地支撑机器人上肢机构，所以学生根据三角函数计算出支撑杆倾斜角度通过三维软件绘制出定制的斜拉支撑杆连接件。其效果如图4-49（中、右）所示。机器人2020铝合金支撑连接件与实物如图4-50所示。

 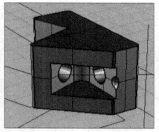 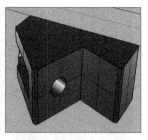

图4-49 2020铝合金活动铰链（左）和2020铝合金支撑连接件效果（中、右）

图4-50 机器人2020铝合金支撑连接件与实物

（3）摄像头固定件。

本机器人设计中使用了微软720P-USB摄像头［见图4-51（左）］作为机器人视觉导向的关键元件。而在进行机器人调试的过程中发现摄像头运动过程中的俯仰角的变化对机器人视觉的干扰较为严重，经过教师引导后学生提出了通过高精度舵机精确定位摄像头的俯仰角度这一解决办法。这就需要有一个能够紧固摄像头并与舵机相连接的定制零件。学生通过测绘后设计的3D图纸如图4-51（右）所示。摄像头固定件与实物图如图4-52所示。

（4）激光测距传感器支撑件。

为了检测与障碍物的距离，机器人拟配备激光测距传感器［见图4-53（左）］，但激光测距传感器无法很好地安装到机器人本体上。所以学生需要根据激光测距传感器绘制激光测距传感器支撑零件。其零件效果如图4-53（右）所示。激光测距传感器支撑件与实物如图4-54所示。

 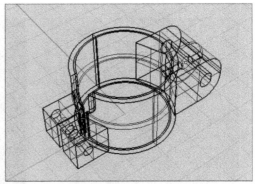

图4-51 微软720P-USB摄像头（左）和摄像头固定连接件（右）

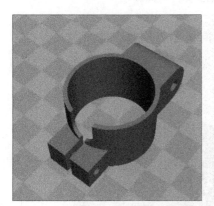 

图4-52 摄像头固定件与实物

 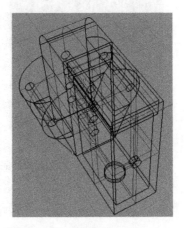

图4-53 机器人激光测距传感器（左）和固定件（右）

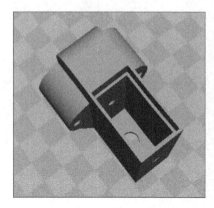 

图4-54 激光测距传感器支撑件与实物

图4-55为学生将最终完成的视觉导向机器人实物。通过测量并打印完成的实物零件将装配到机器人上,使机器人能正常运行。让学生体会即学即用的乐趣。

图4-55 学生将最终完成的视觉导向机器人实物

6. 复杂三维模型(人像)的设计与制作(6课时)

学会并制作完成了一些复杂的模型后,有的学生想到是否可以用3D

打印机制作自身的人像呢？但经过研究发现人体的三维建模曲面太多、太复杂，很难迅速完成，而成品的三维扫描仪价格非常高，远远超出了本社团活动资金的承受范围。在教师指导下学生通过查找资料与研究，发现可以使用微软 KINECT 体感设备自制一个 3D 扫描仪，通过 SKANECT 软件［见图 4-56（右）］进行人像的三维扫描。

图 4-56　KINECT 体感设备与转接头（左）和 SKANECT 软件（右）

图 4-56（左）为学生用自己从 XBOX360 游戏机上拆下来的 KINECT 体感摄像头自制的三维扫描仪器。图 4-57 与图 4-58 为学生为笔者扫描的头像，以及使用并联臂 3D 打印机打印出来的人像成品。

 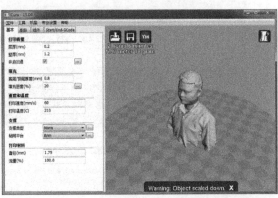

图 4-57　扫描并打印出来的人像模型

通过 3D 打印软件配置底板与支撑信息，3D 打印预处理人像如图 4-59 所示，对扫描的 3D 图像进行纹理渲染如图 4-60 所示。

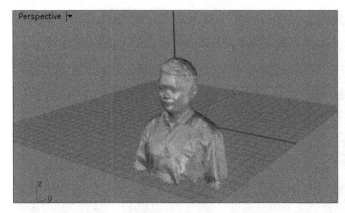

图4-58 在犀牛中编辑完善模型(左)和打印实物(右)

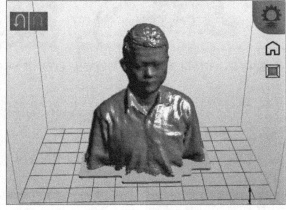

图4-59 3D打印预处理人像

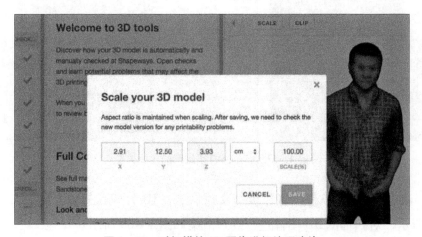

图4-60 对扫描的3D图像进行纹理渲染

7. 利用建立完成的模型，完成自己的三维虚拟展厅（6 课时）

学生在本环节中将利用上述活动中建立并渲染完成的空间模型，自制的简单三维模型与通过三维扫描仪扫描的复杂模型，在犀牛软件中进行组合，完成属于自己的三维空间展厅。

8. 本环节评价体系

本环节中，教师制作三维作品上传评价网页并通过云班课发布：http://koudaigou.net/f/5a251654bb7c7c696ffafbce。

让学生上传作品。模型上传后，三维模型文件能在教学平台中实时在线浏览，从而方便小组互评和学生互评工作。三维作品上传页面如图 4-61 所示。

图 4-61　三维作品上传页面

（三）成果分享环节

1. 利用 3D 打印机打印建模结果（24 课时）

3D 打印技术成为当今全球最受关注的新兴产业技术之一，被誉为引领又一次工业革命标志性的生产工具，正处于高歌猛进的发展新状态，标示着制造业向智能化不断发展的过程。

活动设备：Makerbot Replicator 2，多媒体教室，创新实验室

机缘巧合的是，在 2014 年，笔者由于指导学生在全国"2014 公众创新擂台"比赛中获得了公众创新擂主称号（特等奖），获得的奖品正是一台 Makerbot Replicator 2 打印机，如图 4-62 所示。正是通过这台打印机，笔者获得了面向有兴趣的学生开展空间建模活动的契机。

图 4-62　获奖证书（左）、奖杯（中）和奖品打印机（右）

具体活动步骤如下：

（1）利用 3D 打印机打印制作的模型；

（2）团队协作，打印并制作学校校园模型，并建立学校校园沙盘。

2. 利用 Unity3D Web（以下简称 U3D Web）技术体验自制三维立体场景（4 课时）

虚拟现实技术是一种可以创建和体验虚拟世界的计算机仿真系统，它利用计算机生成一种模拟环境，是一种多源信息融合的、交互式的三维动态视景和实体行为的系统仿真使用户沉浸到该环境中。

活动设备：web 服务器，U3D Web Player 软件，多媒体课堂

教师收集学生制作的三维模型，将其导入 U3D 软件中去，然后通过 U3D 软件导出 WebGL，就可以直接在支持 HTML5 标准的浏览器中运行。VR 三维模型展示如图 4-63 所示。

第四章　实践与案例：专创融合下的创新行业人才培养实例

图4-63　VR三维模型展示

通过U3D发布三维展示效果步骤如下：

首先打开自己的U3D项目，选择"文件"——"Build Settings"。然后我们就会进入发布前的配置窗口，想要导出Web端，可以选择"Web Player"或者"WebGL"，如图4-64所示。

图4-64　通过Build Settings导出Web端

注意WebGL需要64位的平台才能导出，建议最好导出WebGL，因为Unity5.4之后就不支持Web Player了，很多浏览器也不支持这个插件了。所以如果导出"Web Player"，我们会得到一个HTML与一个U3D这两个文件。生成HTML文件与效果展示如图4-65所示。

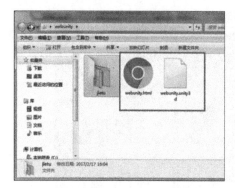 

图 4-65　生成 HTML 文件与效果展示

之后就可以打开 HTML 文件，但是需要先安装 Web Player 插件才可以运行，一般打开 HTML 会有提示未安装插件。

具体活动步骤如下：

老师在 Web 服务器中，上传并完善学生三维模型的预览效果站点，从而让学生可以对制作的三维成果相互参观点评。

八、可能出现的问题与解决预案

（一）活动中可能出现的问题

我们很多想法是在摸索中实践，可能会遇到一些困难。在项目开始之后，由于学生会遇到各种各样的问题，他们对活动本身的好奇度和热情度会随着时间的推移而由高变低，部分学生可能会懈怠起来，所以科技教师们会随时关注实践活动的开展情况，指出活动开展过程中的问题，以保证活动的正常进行。注重让学生在实施过程中自己发现问题，寻找对策，解决问题，使他们在实践的成败中认识到科学对于人类的重要性，以培养他们用科学理论解决问题的理念。活动中可能会碰到的问题和解决预案如表 4-11 所示。

表 4-11　活动中可能会碰到的问题和解决预案

序号	可能存在的问题	解决预案
1	如何确保讨论群的活跃性？	科技教师要引领学生发言，同时让学生主动在群里分享自己的成果并给予鼓励

续表

序号	可能存在的问题	解决预案
2	如何确保活动的关注度？	由专门的科技教师负责，定期发布活动的进展，保证内容的即时性和高质量
3	如何在开始就让学生们理解这个活动？	在课程启动的时候，我们会花大量时间介绍项目，并在课后在学生讨论群中发布项目介绍资料
4	学生是否可以连贯地学习？	确保学习开始有哪些资源可以用于项目制作，当缺少某方面的知识时，科技教师要和学生一起学习，并解决问题
5	如何对项目进行高质量的把控？	需要相关专业的教师，或者外聘相关的专家来指导完成
6	探究过程中是否存在安全问题？	科技教师在项目指导过程中对各个环节进行参与和跟进；当存在安全和健康等问题时，考虑与第三方机构合作
7	学生在展示活动中，表现得不自信怎么办？	我们会帮助学生树立信心，并且在活动之前会进行一定的培训，科技教师也会参与到现场中

（二）解决预案

基于部分活动实施的经验和已有的资源，我们将从以下几方面尝试解决问题：

（1）指导教师勤于学习，开阔视野，广泛阅读书籍和国内外文献资料，提升知识储备与指导能力。

（2）建立学生小组讨论机制，利用网络资源，探究解决问题。

九、预期效果、呈现形式

（一）预期效果

学生在实践的全过程中，体验了前沿技术，了解了三维虚拟现实技术，学会做出自己的创意三维设计图纸，利用3D打印开展研究性学习。让学生在探索中不断提升。这有利于学生端正科学态度、树立科学思想、体验科学方法、提高实践能力，有效地培养了学生的科学素养。

（二）呈现形式

1. 资源共享

组员将使用三维软件设计的作品、使用激光建模仪建立的三维模型或者通过三维扫描仪扫描的物体上传于教学平台，与他人分享。

2. 项目最终呈现成果

（1）科技实践活动科普视频约20分钟；

（2）科技实验活动项目报告发表到区级或市级期刊1～2篇；

（3）学校教学楼三维模型沙盘；

（4）扫描完成组员三维人像，并通过三D打印机打印出来；

（5）基于3D打印技术的移动搬运机器人；

（6）基于U3D Web Play的三维作品浏览网页。

3. 服务师生

利用3D建模与3D打印技术为师生设计并打印教具，以及生活中的常用物品，如水池水漏和垃圾整理等工具，并可开展科普宣传。

4. 校本课程

以学生为主体，编写校本教材并设计校本课程。

十、效果评价原则与方式

通过关注学生参与活动的整个过程：设计评价表，对学生参与的态度、行为表现、思维品质的变化、方法跟踪评价。由于学生的兴趣点和能力的差异，评价不应该拘泥于"学有所成"，更应关注学生的兴趣，学有所获。注重学生成果展示与工作汇报，培育优秀成果，促进教师与学生的反思。认真听取别人的意见，不断修改与完善校本课程。

（一）评价原则

（1）注重过程，兼顾结果：通过在线学习表格的方式，真实记录学生自主探究活动的整个过程，及时发现问题、及时反馈与改正。

（2）充分发挥评价的改进和激励功能：要尊重和爱护学生的个体差异，通过评价，肯定学生所蕴藏的创新潜能，找到积极的参照点，树立学生的信心，激发学生的积极性。

（3）多维度、多角度评价：要通过自评、互评、师评、网络评等方式，从情感态度、过程方法、知识与技能等多个维度，对学生进行全面、客观的评价。

(二) 评价方式

(1) 基于教学平台的信息化评价系统：以活动项目为单位，通过文字、图片、三维作品附件等多种形式，真实记录每个学生参与活动的过程，可以使学生自己、家长、教师清晰感受到成长的过程；在师生、家长参与评价的过程中，又一次次接受教育，扩大了创新教育的影响力。

(2) 小组合作学习：过程与成果；个人与整体。

(3) 集体评价：活动目标、分工协作、资源共享、互动情况和学习报告质量等。

(4) 优秀方案设计：计划性、科学性、可行性。

(5) 基于 U3D Web 技术的三维模型漫游网站建设，分享学生学习成果，对教学成果进行展示。

参考文献

[1] ROSKES B. Getting Started in Tinkercad [EB/OL]. http://www.3dvinci.net.

[2] ABOUFADEL E, KRAWCZYK S V, SHERMAN - BENNETT M. 3D Printing for Math Professors and Their Students [EB/OL]. http://arxiv.org/abs/1308.3420.

[3] REISS D S, PRICE J J, EVANS T S. Sculplexity: Sculptures of Complexity Using 3D Printing [J]. European Physics Letters, 2013 (104): 48001.

[4] MADURA T I, CLEMENTEL N, GULL T R, et al. 3D Printing Meets Computational Astrophysics: Deciphering the Structure of ETA Carinae's Inner Colliding Winds [J]. Monthly notices of the Royal Astronomical Society, 2015, 449 (4): 3780 - 3794.

[5] HAINES C S, LIMA M D, LI N, et al. Artificial Muscles from Fishing Line and Sewing Thread [J]. Science, 2014, 343 (6173): 868 - 872.

[6] KNILL O, SLAVKOVSKY E. Illustrating Mathematics Using 3D Printers [EB/OL]. http://arxiv.org/abs/1306.5599.

[7] ZACHARY WEBER, VIJAY GADEPALLY. Using 3D Printing to Visualize Social Media Big Data [EB/OL]. http://arxiv.org/abs/1409.7724.

第三节 学科融合，科教融汇（1个案例：古今气象异同探究——自建校园气象站科教活动方案）

摘要

本项目是学校根据"综合性学习"要求，由电子专业组、地理学科组和语文学科组联合开设的科技教育活动。以学生为主体，遵循"生活即教育"理念，基于问题引导学生协作探究，强化实践体验，以跨学科思维观察、解决生活问题。

以"古代气象与现代气象异同"为切入点，让学生自主探究农历二十四节气中的科学智慧，通过体验探究、观察实践和应用分享，循环递进。学生从生活问题着手，以小组为单位分别检测气象中温度、湿度、风力风向、降雨量等数据，并跟随地理教师探究陶寺古观象台。之后利用自己所学电子信息知识建立校园气象站，存储并展示测得的气象数据。吸取多元评价意见，根据节气特点与传统文化，优化展示网页，将创意设计物化为研学实践成果。为探究古今异同，编写Python爬虫程序，将天气网中历史气象数据与自己测量保存的数据做比对分析，同时分析节气谚语所描述的气象特征在现代的适用性，在实践中得出科学结论，化解最初关于古今气象异同的疑问。

本项目为化解科学疑问，引导学生协同探究，并将创意设计物化为研学实践成果，建立了校园气象站，体会思考与实践的乐趣。同时推进了思政进课堂，学生建设了具有鲜明国风特色的气象数据展示平台（APP+校园网气象角模块），在应用分享中，加深对中国传统文化。尤其是二十四节气的理解与热爱。学科融合下的自建校园气象站科教活动流程如图4-66所示，活动实施路线如图4-67所示。

第四章 实践与案例：专创融合下的创新行业人才培养实例

课程	语文课	地理课	工程实践课程	地理课	工程实践课程	工程实践课程	工程实践课程	融合课	工程实践课程	地理课	成果分享课
内容	寻找诗歌中的气象语句	古人怎么观测气象参数	实践探索①气象传感器入门	中国最早的气象站——陶寺古观象台	实践探索②建设我校校园气象站	实践探索③校园网首页气象角	实践探索④实时显示气象的手机APP制作	网站美化与内容拓展	实践探索⑤节气与温度气象数据展示对比	气象学入门，气候变暖探究	邀请语文教师共同制作"诗说节气"数字展板

图4-66 学科融合下的自建校园气象站科教活动流程

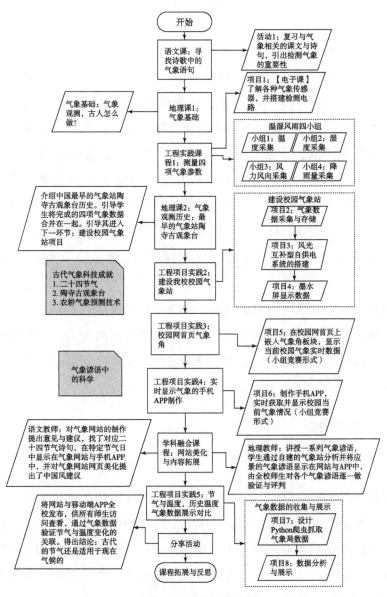

图4-67 活动实施路线

关键字：气象；气象传感器；自建校园气象站；学科融合

一、活动背景

"十四五"时期，我国教育进入高质量发展阶段，提质培优的基础离不开全面提高人才培养质量，特别在落实立德树人根本任务方面，更需要将社会主义核心价值观融入人才培养全过程。

科教活动在对真实生活问题的探究中培养学生综合能力，职业高中推行"文化素质+职业技能"评价方式，根据学生的认知规律，情景式教学活动更能提升学生学习兴趣，培养职业素养的同时渗透人文素养的培育。本项目中笔者立足STEAM理念，建立跨电子信息、地理、语文学科的联合教学团队，开展基于项目的二十四节气智慧古今对比科学探究活动，学生历经体验探究、观察实践和应用分享等系列活动，将自己对气象检测原理、强弱电布线、网页制作和Python爬虫等知识的理解综合物化为校园气象站和自己的气象数据展示平台，获得跨学科项目开发经验，在生活中学习科学知识，在实践中感悟传统文化、提升文化自信。

我校作为国家范重点职业高中，秉持"学生技能和素养共同发展"的教育目标，支持以科技社团模式提升学生创新与实践能力，学生积极参与科技节与技能节等丰富活动，有助于推进STEAM特色课程的建设与持续性发展。

二、活动目标

（一）知识与技能

理解气象检测的原理，能够根据强弱电布线原则为自建校园气象站安装风光互补型自供电系统，尝试利用电子信息知识设计制作气象数据展示平台。通过探究Python网络爬虫知识抓取历史气象数据，与即时测得的数据进行对比分析。结合节气、诗文知识改进设计，尝试制作具有鲜明国风特色的校园网气象角模块等。

（二）过程与方法

通过项目式科技教育活动，学生参与一次完整的发现生活问题、创意设计、实践制作、数据统计、项目改进、应用分享的科学探究活动。能够综合运用电子信息、Python 等科学技术以及地理、诗文知识在实践中分析问题，探秘科学，体验主动建构知识的乐趣，在真实的生活中提升综合创新能力。

（三）情感态度与价值观

学生在情境中综合应用知识，将与生俱来的好奇心转化为创新热情，在小组协同活动中锻炼合作交流能力，在创意物化的过程中将习得的知识外化，提升学习成就感，培养学生科学素养与职业素养，并在对二十四节气智慧的体验探究过程中提升文化自信。

三、活动参与对象

（一）学科融合教师团队

注重学生科技活动的专业性，确保提供科学的地理知识与语文诗歌知识，在学校省级教师教学创新团队的支持下，择优选拔三个学科组的骨干教师，组建跨学科的教学团队。以电子信息技术项目实践教师为主讲教师，地理教师和语文教师作为辅助教师，共同指导学生完成气象探究科技教育活动任务。学科融合教师团队成员如图 4-68 所示。

图 4-68 学科融合教师团队成员

（二）活动成员构成

以学校科技创新社团为载体开展 STEAM 特色教育活动。面向学校高一至高三招收对工程实践感兴趣的学生,为保证活动质量,每期人数控制在 20 人以内,其中有 16 名新学员,4 名上学期经历过 Python 电子琴项目的老学员。每周四 15:00—16:30 开展 2 课时的教学活动。学校创新社团聘书和学校科研社团聘书如图 4-69 所示。

图 4-69 学校创新社团聘书(左)和学校科研社团聘书(右)

学员分组模式:老带新。

以参加过上期培训的 4 位老学员为核心组建小组。每人带 4 名新学员。老学员们经历过上一期 Python 电子琴项目后,对编程与工程实践的兴趣已转化为活动经验,在活动中成长为新一批骨干力量。本项目以教师为辅、学生骨干为主,形成骨干带新生的学生小组活动模式,一步步展开学科融合课程教学。本活动学生小组分组如表 4-12 所示。

表 4-12 本活动学生小组分组

组号	组长(老学员)	新学员	小组名称	口号
一组	陆星泽(高三)	4 人	滑稽队	失败只有一种,就是半途而废
二组	穆宸栋(高三)	4 人	气象小能手队	满怀希望出发,载着成功回来
三组	华灵枫(高三)	4 人	编程高手和他的朋友们	男儿当自强
四组	陈帅帅(高二)	4 人	王牌程序员	宝剑锋从磨砺出,梅花香自苦寒来

(三) 学情分析

1. 能力方面

学生以自愿报名、专业选拔的形式加入科技社团，对电子信息工程实践与编程开发有着浓厚的兴趣，能够在引导下分析问题、探究解决，实践操作能力较强，但自主探究和综合应用能力尚有不足。

2. 知识方面

学生具备基本的语文和地理知识，并且有一定的电子专业基础知识储备，对新知识接受度高。社团的核心成员具备较好的编程能力，以及电路和传感器综合知识，但没有接触过气象数据检测应用等内容。

3. 情感方面

学生乐于通过合作探究、实践操作来获取知识，89.5%的学生认为科教活动过程对以后适应岗位工作有较大帮助，27.3%的学生有清晰的职业生涯规划。学生在经历和体验中享受达成任务成果的获得感，情感爱好特征明显，易于引导。

本项目将结合学员学情，并根据我校职业高中的特点，对接电子信息专业技能型人才培养目标，从学生发展核心素养出发开展项目化实践活动。

四、经费预算

本项目工程实践教师徐自远为无锡市技能大师工作室领衔人，无锡市名师工坊领衔人。名师工坊有资助费用10万元，利用其中3万元用于本项目。本项目预算清单见附件1：项目经费预算。无锡市技能大师工作室公示和无锡市名师工坊公示如图4-70所示。

五、活动主体

(一) 活动内容

活动内容设计如表4-13所示。

图4-70 无锡市技能大师工作室公示（左）和牌匾（右）

表4-13 活动内容设计

序号	主活动	活动名称	活动内容	活动课时
1	项目1：测量四项气象参数	寻找诗歌中的气象语句（语文课）（活动地点：多媒体教室）	活动1：寻找与气象有关的诗句 活动2：学生分组讨论：古代的气象和当前气象是否有差别？	1课时（学科融合课程）
		古人是怎么观测气象参数的？（地理课）（活动地点：多媒体教室）	探究：古人如何观测气象参数？ 提问：现有技术如何测量气象参数？	
		项目实践：利用本专业知识设计并测量气象参数（活动地点：STEAM工坊）	活动1：分组测量气象参数 活动2：编程将各项参数从传感器中读取出来	8课时（工程实践课）

续表

序号	主活动	活动名称	活动内容	活动课时
2	项目2：本校校园气象站建设	中国最早的气象站——陶寺古观象台（地理课）（活动地点：多媒体教室）	陶寺古观象台历史学习。引导学生将四项气象数据合并。准备下一环节：建设校园气象站	1课时（地理课）
		项目实践：建设我校校园气象站（活动地点：STEAM工坊）	活动1：气象数据传输、合并及存储 活动2：搭建气象站供电系统 活动3：设计并制作气象站显示器	12课时（工程实践课）
3	项目3：气象数据的展示	项目实践：校园网首页气象角（活动地点：STEAM工坊）	校园网首页气象角板块（显示实时数据）的设计制作（小组竞赛）	12课时（工程实践课）
		项目实践：实时显示气象的手机APP制作（活动地点：STEAM工坊）	手机APP（实时获取并显示校园气象情况）的设计制作（小组竞赛）	12课时（工程实践课）
		网站美化与内容拓展（语文）（活动地点：STEAM工坊）	语文教师对气象网站的制作提出意见与建议，找了对应二十四节气的诗句，在特定节气日中显示在气象网站与手机APP中，并对气象网站网页美化提出了中国风建议	2课时（学科融合课程）
		古今气象异同对比（地理）（活动地点：STEAM工坊）	地理教师讲授一系列气象谚语，学生通过自建的气象站分析谚语是否还适用于现代，并将应景的气象谚语显示在网站与APP中。由全校师生对各个气象谚语逐一做验证与评判	
4	项目4：气象数据分析	项目实践：节气与温度，历史温度气象数据展示对比（活动地点：STEAM工坊）	气象站经过一年运行，测量的温度信息绘制成曲线图。与农历节气时间点做对比，观察其是否有对应关系。设计Python程序，爬取中国天气网中的历史数据，比对验证全球气候变暖推论的真实性	11课时（工程实践课）

续表

序号	主活动	活动名称	活动内容	活动课时
5	成果分享课程拓展	在全校发布作品分享成果（活动地点：新报告厅）	将网站与移动端APP全校发布，供所有师生访问查看，通过气象数据验证节气与温度变化的关联。得出结论：古代的气象谚语与节气描述还是适用于现在的气候的	1课时
总课时数			共60课时，每周2课时 每学年30周	

本活动方案采用基于项目的学习方式，融合电子、信息技术、软件开发、Web前端、编程、语文、地理等跨学科知识技能，由体验探究、学习实践和应用分享活动构成，学生完成Python编程，为学校建设一个能够独立感知校园气象数据与展示温度、湿度、风力风向、降雨量等参数的气象站。

学生在学习诗歌中发现了很多关于气象的诗句，从而引发学生讨论："古代的气候和现在气候是否有差别？"学生争执不下，于是语文教师请来地理教师助阵。地理教师没有直接给出答案，而是给学生们讲述了古人在科技并不发达的条件下是怎么观测气象参数的。并留给了学生一个问题：在现在的科技条件下怎么测量气象参数？带着问题，学生自由分为温/湿/风/雨四个小组，分别探究现有技术下测量温度、湿度、风力风向和降雨量四项气象数据的传感设备。在专业电子网站中找到合适的气象传感器后，教师利用课题经费采购。学生下载官方工程文档配置并完成传感器的接线，并将其接入树莓派系统中，通过编程各小组将四项气象数据导出。

获取到温/湿/风/雨四项气象参数后，地理教师给学生们介绍中国最早的气象站——陶寺古观象台历史，引导学生将四项气象数据整合。进入下一环节：建设校园气象站项目。

在电子信息工程教师的帮助下，学生完成了四项数据的整合移植，建立了气象数据存储服务器，设计接口将从树莓派获取的各项数据传输到数据存储服务器中保存起来；并树立了气象杆，完成了校园气象站风光互补型自供电系统的安装与强弱电布线。在教师的帮助下学生为气象站装上显示器，设计并制作显示界面，显示当前各项气象参数。

校园气象站建成后，学生分小组竞赛，完成"校园网首页气象角"和"实时显示气象的手机 APP 制作"两个项目（见图 4-71），从综合评价中胜出的作品可以上架校园网推广应用。其中一个小组拉着语文教师帮忙，制作的气象角网页能根据当前日期将二十四节气相关诗句显示在界面上，并做了中国风的美化设计，在评比中胜出。另一个小组拉着地理教师将他讲授的一系列气象谚语，根据当前气象特征嵌入手机 APP。

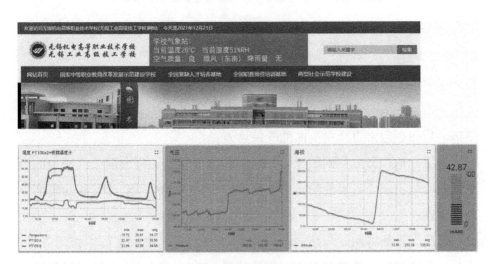

图 4-71　校园网气象角与手机 APP 效果展示

在完成了数据的采集和展示后，气象站经过一年运行，已经收集了大量气象数据，将数据与二十四节气时间节点汇总完成气象信息曲线图的绘制。学生将数据与农历节气时间点进行对比，观察其是否有对应关系。二十四节气对应温度曲线如图 4-72 所示。

"早霞不出门，晚霞行千里" "蚂蚁垒窝天气变，蜜蜂出巢天放晴" "东虹日头西虹雨"……这样的民间气象谚语，广泛用于日常生活，用来预报未来天气变化。这些古人总结出来的气象经验，是否还适用于现代呢？由此地理教师带着学生们进入了课程最后阶段："古今气象异同比对"，将气象站记录的数据与古代谚语中描述气象情况做对比，最终在教

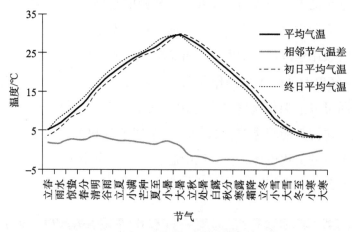

图 4-72 二十四节气对应温度曲线

师的引领下,学生们总结发现在日常生活中我们可以利用天气谚语来预判天气,但不能全部相信。大家应辩证地看待谚语,科学地利用谚语,与时俱进,从而创造出更新更全面的气象谚语。

为更好地和历史数据做比对,制作 Python 程序,将中国天气网中的历史气象爬取出来。与当前测得的数据做比对,从而验证全球气候变暖推论的真实性。

最后,教师将网站与移动端 APP 向全校发布,供所有师生访问查看,通过气象数据验证节气与温度变化的关联。得出结论:古代的节气仍然适用于现在的气候。

学生在本活动中先通过问题引导,激发兴趣,并分小组自己动手设计制作气象参数接收设备;接着通过将各项参数整合,完成校园气象站的建设,探究改进方向,设计了"校园网首页气象角"和"实时显示气象的手机 APP 制作"两个项目;最后进行成果分享,进行多元评价,在创意设计及物化实践的过程中提升解决实际问题能力和综合创新能力。

(二) 活动方式

本项目从"古今气象差异?""二十四节气歌是否还能用于当代气候变化?""古人怎么观测气象参数?""古代气象站是什么样子?""如何记录

与展示气象参数?"五个真实问题出发,以学习小组为单位完成五个实际项目的制作。本方案活动路径如图4-73所示。

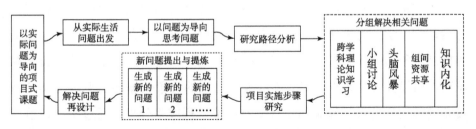

图4-73 本方案活动路径

本活动以学生为主体,由学生骨干带领新生组建学习小组,开展协作探究,跨学科教师团队全程辅助引导:学生带着关于气象的生活问题开始活动;通过类比观察、测量对比等方式拟定活动方案;分工合作进行物化实践,对遇到的困难,自主采用信息检索、查阅文献、咨询教师等方式逐步推进研究学习;遇到关于展示平台优化设计的问题时,小组间主动从交流合作变换为竞争关系,分别从APP展示、网页展示等不同角度探究分析,确定改进方法;主动分享成果,教师、小组间、学生间进行多元评价,并整理学习过程、撰写小组研究报告,养成良好的科学思维。

活动时间:2020—2021学年。

利用2020—2021学年第2学期和2021—2022学年第1学期两个学期的"Python编程特色选修课"的时间开展活动。

每周四15:00—16:30开展学习研究活动。

六、活动难点、重点及创新点

(一)难点

通过项目式的实践活动,根据学生特点引导学生提出合适且明确的生活问题,分层次、递进式地融合运用电子、信息技术、地理与语文等跨学科知识与技能完成气象站活动目标,带动学科整合,逐步分析并解决问题,使学生进行有效的研究探索,在创意实践中感悟传统文化,体验创新的乐趣，提高实践能力。

（二）重点

将学生的好奇心转换为学习意愿，以气象问题为线索串联整个科技教育活动，以学生为主体，根据能力层次分组协作，综合应用多学科知识形成校园气象站设计方案，进行实践制作物化，同时依据艺术设计和诗文知识获得启发并自主改进，完成不同能力层次的气象数据展示平台（APP及校园网模块）的设计和制作。对学习成果进行应用分享，通过多元评价激发学生的创新热情。

（三）创新点

1. 模式新，基于项目的学科融合实施

以学生为中心的项目制学习，跨学科组织学生科学社团，由三科教师协同引导学生关注并解决生活中的综合性问题，融合式的活动在保证了科学性的同时，有助于对学生跨学科思维的培养。

2. 内容新，基于生活的创意物化实践

关注学生与生俱来的探究周围生活的兴趣需求，在诗文学习中引出问题，在地理观察中生出创意，通过亲身实践，在学校建设切实可用的气象站与气象数据展示平台，获得学习成果，提升学生的自主探究能力，并在平台优化的过程中培养学生的人文底蕴。

3. 路径新，传统联系现实，科普融合思政

从二十四节气、陶寺古观象台等传统智慧，联系到现代气象观测问题，将传统气象谚语中描述的天气现象与现实传感器测到的气象数据做比对。在解决问题的过程中，以严谨的现代技术印证我国传统文化中的科学智慧，在培养职业素养的同时，加强学生的民族自豪感和文化自信。

4. "老带新"，可持续性发展的学生培养模式

每一期活动的学生经历完整的一轮科学探究、实践分享活动过程后，

适应学科融合的学习方式，成长为新一期活动的骨干力量，形成教师为辅、学生骨干为主，骨干带新生的学生主体活动模式，成为可复制、可推广的活动模式。

七、科技教育资源利用、方案的可行性

（一）实验室资源

基于科技活动的综合性特征，课程将在多媒体教室和 STEAM 实验室中展开。

1. 多媒体教室

多媒体教室如图 4-74 所示。

图 4-74　多媒体教室

2. STEAM 实验室

学校重视对学生创新能力培养，提供满足科技创新需要的教育资源，支持单片机科技社团、树莓派电子社团等科技创新社团的活动课程化，各实训室均配备了技术实验专门设备，社团可以免费登记使用。本科教活动以 STEAM 实验室为固定的活动基地，配有电脑 40 台、数字式示波器 40 台、智能传感器实验平台 40 套，以及专门配置的树莓派实训设备 30 套等，满足活动需要，其部分实物如图 4-75 所示。

完善的教育资源保障了活动实践场所，学生可以根据兴趣和能力层次，在自己的实验室中，分阶段逐步实施研究学习活动。

图 4-75 STEAM 实验室与设备

（二）网络教学平台与资源

实训场地得到保障后，活动实施还需要考虑如何把学生课前与课后的碎片化时间充分利用起来，提高活动的成效。引入蓝墨云班课为教学辅助平台（见图 4-76），学生可以轻松地在云平台上查询活动任务、获取预习资源、收取课堂通知、随时提问互动，灵活的学习方式，提升了工作效率。

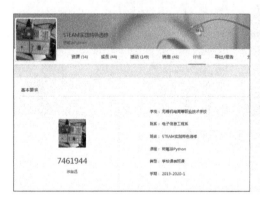 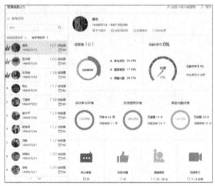

图 4-76 蓝墨云班课网络资源平台（左）和成员学习情况（右）

通过云班课的小组积分功能，引导学生组间良性竞争关系的形成。教师也能全面、实时地了解学生活动开展情况，在第一时间更新任务点，指引项目方向。

借助云平台，学生自主预习、唤醒旧知，迅速进入任务，在课程活动中通过头脑风暴、测验、调研等丰富形式外化知识点，课后上传并分享成果，不同阶段的小任务成就感足以激发学生的学习兴趣，使学生保持注意力。平台中除个人经验得分外，小组总学习经验的评价机制激发了他们的集体荣誉感，使其团队合作更加紧密。网络教学平台与传统课堂功能对比如表 4-14 所示。

表 4-14 网络教学平台与传统课堂功能对比

学习阶段\对比	活动内容	传统课程			云班课平台课堂		
		载体	统计汇总	实时性	载体	统计汇总	实时性
课前	课前预习	QQ群电子讲义	较难统计	较难反馈	微课等多媒体	预习经验值	实时
	课前习题	纸质习题	人工统计	批改后	在线问卷	自动汇总	实时
课中	头脑风暴	现场问答	人工统计	好，参与人数较少	全员参与	实时展现	实时
	现场提问	举手提问	无法汇总	好，参与人数少	全员参与	实时自动汇总	实时
课后	课后练习	纸质习题	人工批改统计	较差，批改后	在线作业	客观题自动批改，问答题由教师评价	实时
	成果展示	实物展示	仅计数	较好，但占用课时	在线成果展厅	教师点评小组互评	实时

（三）自制教学设备资源：树莓派编程实验平台

上述软硬件工具和学习资源，确保了学生活动的顺利开展，为了增强科教活动的趣味性，使计算机编程知识易学好懂，教师研发并自制了低成本的教学设备，应用到课程中，使活动更易推广。

工程教师带领学生使用 Python 语言作为项目语言，在本项目的气象数据检测活动中，就能够在树莓派平台上，控制底层 I/O 口和温度、风力等多种传感器直接通信。以嵌入式芯片控制并获取传感器数据，是电子学科核心课程中的学习内容，通过和气象问题的结合，将抽象概念生活化，同时融合了上位机编程这项信息学科的核心知识点。通过自制树莓派传感实训平台，学生在对气象领域生活问题的探究过程中，跨学科地将电子与信息两学科无缝衔接起来，让自己的气象站真正运作起来，并且利用上位机界面控制或显示参数，用 APP 或校园网访问数据，实现生活应用。在这几年的科教活动中,学生普遍给予跨学科的树莓派传感实验平台好评。树莓派传感实验平台(光照度测量实验),如图 4-77 所示。

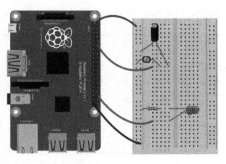

图 4-77　树莓派传感实验平台(光照度测量实验)

(四) 项目化在线课程资源

教师在每个关键技术节点上也做了很多在线课程资源,学生可通过二维码扫码进入学习观看,如图 4-78 所示。

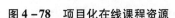

图 4-78　项目化在线课程资源

本活动方案依据职业高中学生的心理特征与能力层次组织并实施，根据课程经验与教育科学理论，笔者改进了活动路径，从生活中与气象相关的实际项目出发，引导学生逐步探索工程实践的魅力。实际教学效果优秀，教师团队也从已经开展的部分活动中积累了宝贵经验，为预研和规划新的活动提供了方向。

八、可能出现的问题与解决预案

（一）活动中可能出现的问题

由于传统课堂多依循学科教育方式，极少开展多学科相融合的项目化活动，教师团队在开拓新活动模式，在这期间也遇到了一些问题。比如，在项目任务布置后，有些学生完全摸不着切入点，在软硬件都没有基础的情况下不知该如何下手。此时，每个小组中的组长（老生）往往能起到关键性作用。资料检索、组内讨论、组间讨论、求助教师团队等多种方式交叉进行，让迷茫的新学员逐渐看清软件编程与硬件搭建的步骤，从而保障活动的顺利进行。

教师团队注重让学生自己设计制作，在实施过程中自己发现问题，小组协作寻找对策、解决问题。合理的教师团队组成也使得每个专业问题都能找到对应专业教师。学员在一次次的失败与摸索中将各个学科知识融会贯通，最终养成跨学科的创新解决问题能力。活动中可能会碰到的问题和解决预案如表 4-15 所示。

表 4-15 活动中可能会碰到的问题

序号	可能存在的问题	解决预案
1	如何确保小组的活跃性？	教师团队在活动中充当观察者与引导者的角色，以小组为单位充分发挥学生的主观能动性。同时对小组间的经验与成果分享给予鼓励
2	如何确保活动的关注度与学生的学习热情？	鼓励学生自主展示成果，通过云班课平台中奖励个人经验与小组经验值的方式鼓励创新。平台资料并没有将知识点直接塞给学生，而是通过搜索关键词、方法等培养学生的自学能力

续表

序号	可能存在的问题	解决预案
3	学生是否可以连贯地进行学习？	项目设计在气象参数的测量➡气象站的建设➡气象数据的展示➡气象数据分析四个阶段的递进中开展，将各学科知识串了起来。 活动中遵循实际产品开发经验，以用什么学什么的原则引导学生自主学习
4	学生自主探究过程中是否存在安全隐患？	本活动中所用皆为弱电设备，本身较为安全；且教师团队在活动的各个环节全程参与确保学生安全
5	如何在活动中保证教师团队主导地位不缺失？	本活动中，教师为项目的设计者与引导者，通过优秀的项目设计使其始终处于主导地位
6	如何避免信息技术类STEAM课程过分关注技术的炫酷？	制定与实际生活相关的目标，从项目实际出发培养学生自主探究与自我学习的能力。教师注重过程性评价而非结果性评价
7	如何确保活动教学设计的科学性？	结合三位不同专业骨干教师组成的教学团队，通过研讨确保活动教学设计的科学性。
8	如何顺畅地将基础性学科知识融合注入活动方案中？	在学科融合环节中，可以听取各小组组长的意见，并发挥教学团队的专业性，将基础性学科知识融入具体的活动方案中，确保方案的学科融合性。同时，可以采用跨学科教学的方法，引导学生将不同学科知识有机结合，帮助学生更好地理解知识和解决问题。最后，要对方案进行细致的评估和反思，不断完善和提高学科融合教学的效果
9	如何避免STEAM教学中总结不足的缺点？	由三位不同专业的教师分别做总结，从各自角度出发提出自己的看法与项目后续改进意见
10	学生在成果展示活动中，表现得不自信怎么办？	教师倾向于采取鼓励性评价，帮助学生树立信心，并且在之前会进行一定的培训，教师团队也会参与到成果展示的现场中来

（二）解决预案

基于以往的项目实践经验，本项目将从以下三个方面解决活动中可能发生的问题。

1. 学科融合的学习型教师团队

教师团队中三位不同专业教师都是我校本专业的教学骨干，他们善于学习，具备宽广的学科视野，并具备不断自我迭代与查阅文献的能力，教师团队的融合使知识储备与指导能力大大提升。

2. 与实际紧密相连的项目化教学

活动项目的设计进一步打破学科壁垒，遵循用什么学什么的理念，将学生的注意力从分散的学科问题转向实际项目该怎么完成的问题上来，注重知识与生活的联系，增强学生对知识的亲切感，使其更易理解与吸收，从而帮助他们建立信心自主应用所学知识，探索未知。

3. 对比古今气象异同，持续提升学生的学习兴趣

通过气象谚语中描述的天气现象，与实际观测到的气象情况做比对。看看古今气象是否有异同，从而提升学生的学习兴趣。

4. 老生带新生的"传帮带"小组模式

建立以老生带新生的"传帮带"小组模式，并妥善利用云班课网络平台资源，引导学生自主解决实践中可能出现的问题。

九、预期效果、呈现形式

（一）预期效果

学生从"古代气象与现代气象异同"出发，体验了气象站建设这个实际工程项目从设计到开发再到优化的全过程，其中融合了电子信息、物联网、地理、语文等多学科知识，在气象参数检测→气象站建站→气象数据展示→气象分析的递进研究活动过程中，不断地发现问题、解决问题、调整方案，最终形成完整项目成果，形成了完整的研究性学习闭环。

学生以小组合作的形式开展活动，在体验和反思中不断推进项目，通过调研和实验解决疑问、内化形成新知，通过观察实践和创意物化获得具象外显的学习成果，通过应用分享体会成就乐趣、自我悦纳，提升解决实际问题的能力和综合创新能力。

活动中学生将树立科学精神，形成科学思维，掌握科学方法，学会

学习，善于探索生活，勇于质疑反思，乐于总结分享，培养实践创新素养。

（二）呈现形式

（1）资源共享：活动成员将气象站的设计方案，气象查询APP的小组研究文档上传于教学平台，与他人分享。

（2）项目最终呈现成果如下：

①校园气象站，如图4-79（左）所示；

图4-79 校园气象站（左）和气象展板（右）

②气象介绍展板，如图4-79（右）所示；

③校园网气象角网页，如图4-80（左）所示；

④校园气象查询手机APP，如图4-80（右）所示；

⑤课程结束后，学生们制作的校园气象网站与移动端APP向全校发布。每个小组最终都会上讲台汇报本项目的成果与心得体会。图4-81是正在汇报的小组的一些视频截图。

⑥科技实验活动项目报告发表到区级或市级期刊1~2篇；

（3）服务师生：活动完成的校园气象站成为物联网专业群内各科授课教具，将活动过程形成影像资料，在学校科技节和技能节展示并开展科普宣传。

（4）校本课程：以学生为主体，编写校本教材并设计校本课程。

第四章 实践与案例：专创融合下的创新行业人才培养实例

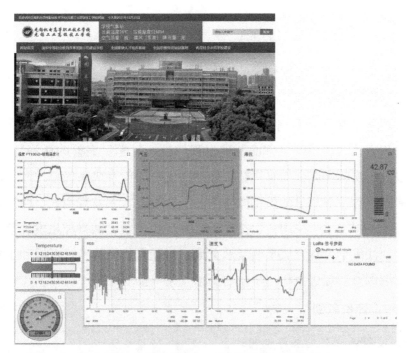

图 4-80 校园网气象角（左）和手机 APP（右）

图 4-81 小组成果汇报

十、效果评价原则与方式

在考查学生知识掌握情况的同时,教师团队更关注学生的技能习得情况,对学生活动的过程及状态进行检测评价。设计学习状态评价表,依据活动数据记录掌握学习者的参与状态,对学习小组从技能方法、活动态度、行为方式的表现等多方面开展过程评价。对学生完整的从问题调研、方案设计、实践探究到实物调整,最终物化形成创意成果气象站和显示单元开展结果评价。尊重学生主体,重点激励学生自主发现问题,协同探究科学理论,引导学生采用科学技术观察并解决问题,从兴趣出发,落回生活实处。注重学生探究成果的展示交流,将优秀成果的项目汇报和工作展板等回馈课堂,促进教师与学生的反思,完善校本课程。

(一)评价原则

1. 过程评价与结果评价相结合

在活动实施中关注学生表现,通过在线任务单(见图4-82,每个活动都有相应学习任务单),及时记录学生小组体验探索的过程,掌握动态学习效果,通过师生的效果反馈及时调节活动过程,使活动方案不断完善,完成效果评估。

2. 尊重差异,激励创新

教师团队在活动中担任观察者与引导者,尊重和爱护学生的个体差异,把握学生学习路径与控制学习速度,及时肯定学生的创新能力与学习潜力,通过小组互助的形式促进自主创新,同时根据学生表现完成对教师教学活动组织过程中的表现评价。

3. 多元参与,多维着力

不同学科教师、活动成员、学生家长共同参与评价,各小组完成项目后会分小组汇报,最终采用组内、组间、教师与家长评价等多种评价方式进行评价。从态度、技术水平、创新点、美观度等多个维度对学生汇报活动与作品进行全面、客观的评价。

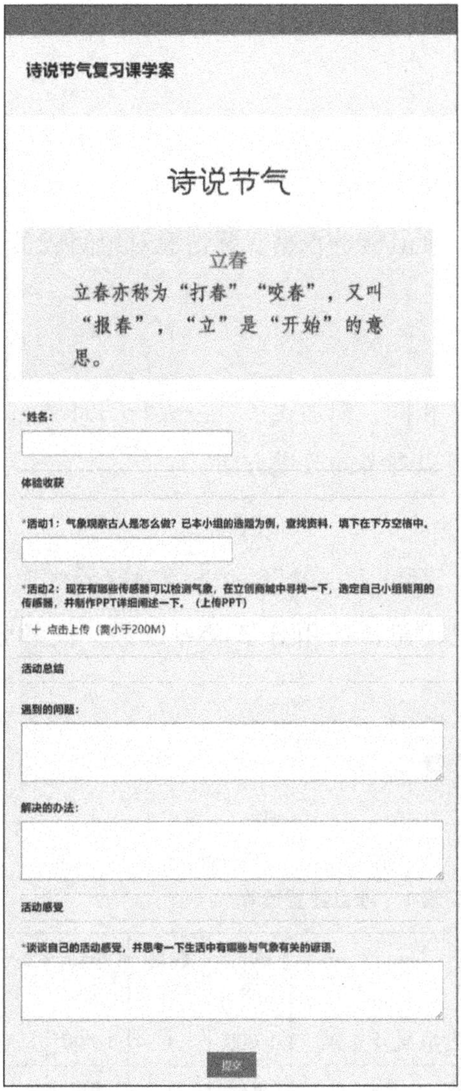

图 4-82　学生项目学习任务单（左）和二维码（右）

（二）评价方式

1. 基于云班课平台的评价系统

在云班课平台中，每次参与活动都将获得经验值，教师通过设计分配任务经验值，确保综合评价的公平性。对学生的创新想法、任务协作、作品工艺等方面均给予经验值奖励，兼顾过程表现与项目结果，提升学生各项能力。

2. 小组学习评价

通过平台，学生与学生之间可以进行互评。学生可对小组内除自己以外的成员的学习成果、认知水平、协作能力进行评判。为避免互评全优情况，给予学生定量互评经验，使其能够根据实际情况对组间成员进行合理打分。

3. 组间评价

评价方式与组内互评基本相同，但加入了"三人行"环节，从其他小组作品中，找寻本小组作品可以参考的改进方向。

4. 物化成果评价

学生建成了校园气象站，并能在APP上或者校园网的气象角模块上显示进行了外观美化的气象信息，应用分享学习成果，使教学成果外显化。

附件1：项目经费预算

项目经费预算如附表1所示。

附表1 项目经费预算

系统	部件	单价/元	数量/个	小计/元	备注
风光互补发电系统	100W/12V 风力发电机及支架	1 000	1	1 000	垂直轴红灯笼
	100W 太阳能电池	800	1	800	
	充电 MPPT 控制器	500	1	1 000	
	逆变器	500	1	500	
	铅蓄电池	300	1	300	
	配电箱	1 500	1	1 500	
	电线杆钢丝拉绳	100	1	100	
气象站传感器	支架	1 000	1	1 000	

续表

系统	部件	单价/元	数量/个	小计/元	备注
	温湿度传感器	10 000	1	10 000	
	PM2.5 传感器				
	噪声传感器				
	风速传感器				
	风向传感器				
	光照度传感器				
	数据采集器	2 000	1	2 000	
	网关	2 000	1	2 000	
	百叶窗				
	电源				
	配电箱				
	其他				
展示架	展示架及施工	4 000	1	4 000	定制
	墨水屏幕	2 000	1	2 000	7 英寸
	树莓派 4	1 000	1	1 000	RAM8G 版本
	线材等其他	2 000	1	2 000	
总计				29 200	

参考文献

[1] American Institutes for Research. STEM 2026：A Vision for Innovation in STEM Education［EB/OL］.［2016 – 09 – 14］. https：//www. air. org/resource/stem – 2026.

[2] 赵慧臣,陆晓婷. 开展 STEAM 教育,提高学生创新能力：访美国 STEAM 教育知名学者格雷特·亚克门教授［J］. 开放教育研究,2016,22（05）：4 – 10.

[3] MICHAEL G. Coaching Teachers to Implement Innovations in STEM［J］. Teaching and Teacher Education,2018（76）：25 – 38.

[4] BELL D. The Reality of STEM Education, Design and Technology Teachers' perceptions: A Phenomenographic Study [J]. International Journal of Technology & Design Education, 2015 (1): 1 – 19.

[5] MORRELL P D, POPEJOY K. Scientific Inquiry/Engineering Design [M]. Boston: Sense Publishers, 2014: 83 – 105.

第五章 范例与启示

专创融合：启智育才双创圆梦
——无锡机电高等职业技术学校双创教育纪实

首届公众创新擂台创新擂主奖，"挑战杯——彩虹人生"全国职业学校创新创效创业大赛一等奖，全国职业院校技能大赛一等奖，全国科技创新大赛港科研创新大奖，全国青少年科技创新大赛十佳科技辅导员；江苏省"挑战杯"创新创效创业大赛一等奖，江苏省青少年科技创新大赛一等奖；无锡市首届创新市长奖……在市级以上科技创新项目比赛中累计获奖222项，这是无锡机电高等职业技术学校校企协同双创教育取得的累累硕果，也是学校培养高素质创新技能人才的成果缩影。

创新决胜未来，作为江苏职业教育的窗口学校，无锡机电高等职业技术学校近年来紧密围绕实用型创新人才培养目标，响应"大众创业，万众创新"的号召，坚持学校与企业的双主体地位，通过"专创融合·校企协同"双创人才培育体系，培养学生的创新能力与创业思维，促进学生全面发展。

一、文化筑基，点亮学生科创梦想

"当我手臂上戴着自己做的推进器，在水里轻松前进的时候，再也不会有人喊我旱鸭子了。是学校组织的科技讲座,让我发现自己是能实现水下"钢铁侠"梦的。怎么样,欢迎你们也来试试。"端木繁凯同学向新生介绍自己作品时,并不怎么提到他取得的国家级二等奖,显然,实现"钢铁侠"梦的自豪感才是他的源动力。他是无锡机电高等职业技术学校"专创融合"培育实用型创新人才的一个实例。图5-1为研制水下推进器。

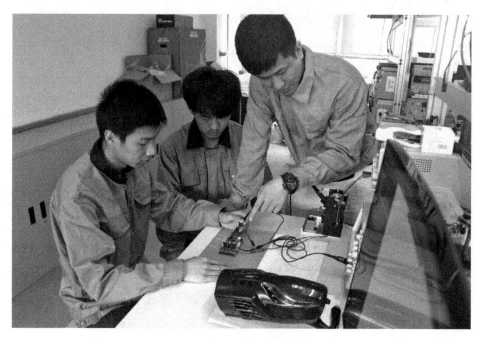

图5-1 研制水下推进器

"技可进乎道,艺可通乎神。"追求极致的工艺和追求突破的创新,常常相得益彰。离开了对技术技能的扎实钻研,创新、创造就无从谈起。近年来,学校积极寻求专业建设与创新创业的连接点,将创新创业工作纳入学校发展规划,多角度多途径培育学校"专创融合"的文化氛围,让专业知识技能的传授与双创教育价值的引领同频共振,点亮学生科技创新的梦想。

校企协同点燃双创星火:学校深入企业调研,与多家行业龙头企业签订校企产学研合作协议,聘请技术专家到校举行专业讲座。技术"大咖"

的现身说法不仅让学生了解了所学专业前沿动态,明晰了个人职业发展方向,也有效激发了师生参与技术革新的热情。每年举办科技创意比赛,邀请企业工程师与专业教师共同为学生创意作品把脉诊断,从百余件作品中遴选出 20 项进行项目物化。

多彩活动厚植双创沃土:学校连续 11 年组织技能节,近年来更在其中融入双创元素。"学技能、练技能、比技能",技能节覆盖所有专业、所有师生,在课堂之外搭建起书本理论与现实问题的关联之桥。每年 5 月,学校还举办以科技创新为主题的校园科技节,开展科普宣传主题班会、科普主题竞赛、科技创新成果展以及大师云课堂等活动。科技创新成果展重点展示体验性强的作品,如手机操控的智能小车、交通机器人等,给学生以生动鲜明的创新体验,培养学生的创新精神和实践能力。

二、课程重构,激活学生双创密码

围绕学生创新创业意识与能力培育的主线,学校以课程为抓手,在"专创融合"的变革之路上坚定前行。学校根据"行业引领、企业贯通、资源共享"的原则,通过与专业指导委员会研讨分析,以"专业对接产业、职业岗位"为基础,把创新创业的核心能力培养及实战演练渗透进专业教学,将学校的教学优势与企业的技术开发优势有机结合,着力培育学生双创能力。

"每周三、四的特选课是我最盼望的时光,我们都是科技小白,但是从最开始的元件辨认到现在 3D 打印、机器识别,我们在老师的带领下不断摸索,最后我和小伙伴一起捣鼓出了这台视觉机器人。"王亮亮同学从入学才开始接触编程、传感器等知识,在创新探索的过程中,他不仅收获了奖项,更体会到了创新的乐趣,现在俨然成长为一位创新小达人。他的感受与经历折射着学校双创教育课程改革成果给普通学生带来的变化。图 5-2 为研制视觉机器人。

"明者因时而变,智者随事而制。"校企协同优化双创教育的教学生态,学校专业人才培养和创新创业教育正从目标互通、资源互补走向内容互融、成果互享。学校实行企业专家与学校教师共同指导的"双导师制",

图 5-2　研制视觉机器人

统筹利用好校内实训场所和企业实习岗位等资源,将企业岗位培训核心课程与学校课程体系相融合,引入企业工程案例,融入双创思想,以岗位任务完成情况来衡量专业能力。基于典型工作过程,学校对《单片机技术与应用》《通信电子线路》《ARM 嵌入式技术》《电子技术基础与技能》等核心课程开展专项课改研究,建设了配套的慕课资源,目前已上线课程43门,其中《单片机技术与应用》课程被评为无锡市职业教育精品课程资源。

三、双线实战,成就学生双创梦想

"纸上得来终觉浅,绝知此事要躬行。"实践是双创教育获得实效的关键。为了推动学生实践活动的顺利开展,学校加大了软硬件建设投入,建成5个江苏省职业学校现代化专业群、3个江苏省职业学校现代化实训基地和创业孵化基地,为学生项目式学习提供实验平台。学校还将专业教师"送"到企业和专门的培训中心进修,通过模拟教学、案例分析、角色扮演、项目实践，推动教育观念的革新和教学能力的提升。同时多渠道展开实践育人，依托创新、创业双线为学生提供实战机会，全面培育学生双创意识和能力。

每次校园科技节都是一次学生"奇思妙想"的集结号。其中既有如"工业废气吸吸笔""七彩音乐试管""雨伞甩干器"之类天马行空式的创意作品，也不乏"智能交通机器人""激光3D建模仪""工件换向定心卡盘"等颇有实用价值的金点子，但传统的学科体系教学往往使学生的金点子落地无门。学校在专业教育中融入双创教育理念，帮助学生综合运用掌握的知识技能解决现实问题。这是学校"创新实战"的重要内容。

除了从科技节遴选学生科技创意项目外，学校还充分挖掘社会资源，与无锡瑞美生物科技有限公司、苏州慧康电子信息科技有限公司等企业展开深度合作，引入真实的小型技改项目，校企双导师共同指导学生参与项目开发。

"当初开模拟公司，从公司起名，到 Logo 设计，再到主营项目选择，我们充分发挥了自己的想象力。在分析市场的时候，我们自认为很好，但其实太理想化，忽略了很多因素，经过老师指导，我们团队讨论出了对策并做了一些变动，使我们的模拟公司正常运营。"查逸婷同学谈到参加"模拟公司"创业实训时颇有感慨。凭借这份"实战"经验，她与华柯玮同学一起在江苏省职业学校创业能力大赛中取得了创业类一等奖。创业不是简单的"开公司卖东西"，"模拟公司"等创业实战让学生在走进社会市场的大熔炉前明环节、知不足、长经验，为顺利开启创业之路提供"缓冲"，促进学生综合职业素养全面提升。2017年江苏省职业学校创业大赛实践组一等奖如图 5-3 所示。

"百舸争流，奋楫者先！"如今，无锡机电高职"专创融合·校企协同"的双创教育改革开展得如火如荼，教师教学活力得以激发，学生双创潜力深度开发，校园呈现一片生机勃勃的景象，一幅创新创业的多维画卷正徐徐展开……

（资料来源：2020年7月24日《现代快报》）

图 5-3　2017 年江苏省职业学校创业能力大赛实践组一等奖

将源自生活的创意变现

变形金刚、挖掘机、时空隧道、大飞机……每个男孩子从小都有一个机器人梦,只是随着见识增长,有的孩子觉得原理复杂难懂、梦想遥不可及,放弃了。然而更多的孩子,得到了关键的引导,整理专业难题,做好学习规划,在实现梦想的路上不断前进,最终把自己的创意变成现实。

在学习中积累,在竞赛中锻炼。特色的教育助力学生的成长,王亮亮成了能最终实现梦想的孩子之一。无锡机电高职的专业课程设置,不论是教室课堂的理论学习,还是实习实训中的技能实践,以及教师们的真实案例展示,为他打开了一扇走近创意制作的门。得益于学校从学生个性化发展出发,建设的丰富的第二课堂平台,他选报了多门不同方向的选修课来拓展自己的专业知识,更因为勤勉的表现被选入技能实验班,进一步强化专业技能,并代表学校出征全国职业技能大赛,最终在来自36个省、直辖市的代表队,共计105名的佼佼者中脱颖而出,取得单片机赛项的金牌第一名,他的自主学习能力得到了充分的锻炼。

在活动中实践,在社团中成长。每一颗创意的种子都渴望着展示的平台。学校融入创新能力培养目标的特色课程体系,培养了一大批有扎实专业技能积累的学生,王亮亮正是在这样的基础上,有机会去实现自己的想象。在参加中国机械工业教育协会的移动机器人大赛时,他顺利完成了用引导标记来传感循迹的机器人控制,获得了全国二等奖。但是这项"循规蹈矩"的机器人并不能满足他的好奇心,能不能让机器人跟自己平时捡垃圾一样,只要设定一个特定的目标,比如白色纸团、红色垃圾桶,机器人就能不受场地和环境的约束,自主定位和导向,完成拾取和归类?"视觉导向机器人"创意项目就此诞生。使用学校图书信息系统查阅文献资料,和社团导师交流想法,在创新社团成功立项的课题,要顺利孵化,需要更多的支持。视觉识别、虚拟仪器、电路设计、软件编程,系统化的项目实践带来了挑战,在科技辅导员的指导下、社团的小组协作模式更快地推进了研发过程。"视觉导向机器人"从创意想法,到实物成果,最终取得了江苏省青少年创新大赛二等奖、全国文明风采创新设计竞赛三等奖,获得了社会认可。

知识与技能兼修,实践与素养俱进。王亮亮不过是学校"贯通专业,个性发展"实践体系培养出的众多学生之一,是学校以人为本、学科跨界教育策略引领下的受益者,是学校向社会输送的新时代高素质创新型技能人才的代表。作为全国技能型紧缺人才培养基地、江苏省职业教育领航计划学校,无锡机电高等职业技术学校始终走在职业教育改革的前沿,为顺应国家实施创新驱动发展战略的变革需要,学校转变教育理念,制定渗透双创教育目标的人才培养方案,完善以"意识培养、技能培养、实践培育"为层次递进的课程体系,鼓励学生以项目为载体开展实践探究,并能够根据个人兴趣方向,在选修课、创新社团等第二课堂活动中进行专门化训练,在真实的工作场景中积累经验,达到创新能力培养目标。随着在各种创造性活动中做出越来越多的成功小作品,学生真正从观察者变成参与者,沉浸在把创意点子变现的乐趣之中。学生、学校获得的各级各类创新比赛荣誉是有形的、外化的孵化成果，但更多、更重要的收获则是无形的：学生在实践中体验到的团队的力量、创新的力量，自己内生的自信的底气、创造的勇气，促进了学生成长，满足了学生的就业需求和可持续发展需求，使学生毕业、走上社会岗位后，能立于不败之地。

让项目模拟的公司成真

每个人大概都会对创业有一份憧憬，因为创业成功，不仅能实现个人的人生价值，还可以为社会做出自己的贡献。2017年12月12日，一位年轻人带着这样一份憧憬，站到了江苏省职业学校创业能力大赛的决赛舞台上，他将在这里，与来自全省33所学校的43个项目一起展示团队成果、进行角逐，为自己在校期间的学习积累、近半年的项目准备、4天的训练营磨合，画下圆满的句号。

体验项目，学真本事。无锡机电高等职业技术学校建有江苏省现代化实训基地，拥有多个设施一流的实验实训室，华柯玮同学正是在这样的环境中开启了他的求学之旅。学校就课程共建、项目引入、服务体系等多方位与企业开展合作，配套实践空间，为师生提供学习实践和研究活动的保障；配套软硬件设施，资源共享开放，为开设符合实际工程项目的特色实践课程提供保障。学生基于项目/问题进行真探究，通过协作与知识共享，利用开放资源辅助学习过程，达成初步的项目成果。跟着教师熟悉项目开发过程，开阔眼界、拓展思维，华柯玮在这种轻松开放的环境下完成了知识建构，更是把自己的各种创意点子在项目实践中落到实处，在技能大赛、创新大赛中收获成功喜悦。

模拟创业，得真经验。获得的荣誉没有使华柯玮停滞不前，反而更激发了他继续尝试挑战的斗志。他对创业最初的印象，就是"当老板，开公司，卖东西"，学校开设的创业实战训练课程，给了他在离校前模拟创业、收获经验的机会。两周的创业实训课，分团队开设模拟有限公司，从公司名、Logo设计，到主营项目选择、前景预测，再到财务的资金核算、经营管理的总结，充分体会到创业的辛苦，更快地掌握运营流程和商业模式，掌握采购、生产、仓储等核心岗位要素。而对于创业的本质认识：依托资源，注重社会协作和团队配合，创造更多的价值，为他之后敲定特色项目、参加创业大赛奠定了基础。从社会价值出发，为解决市场上室内空间三维建模效率低、成本高的问题，他和同学设计并制作了便携式激光快速空间建模仪及配套的应用APP，可以快速精确地完成从测距到3D建模的全部工作，具有良好的应用前景。这个技术自主创新的项目在江苏省职业学校创业能力大赛中获得评委青睐，取得了在校生组一等奖。

人才的培养需要环境，更需要过程。无锡机电高等职业技术学校在"学科（专业）融合""共享开放"的基础之上，从学生知识建构和素质发展的全过程，施以合适的教育。突破传统教室，在课堂之外引入社会性教育资源，构建灵活的教学空间，围绕专业特色突出项目设计；将抽象的学科知识应用于融合的教学环境，尊重个体差异和发展规律，注重学习体验和能力发展，使学生适应复杂问题的分析解决；培养工程实践能力和决策能力，通过创业模拟实践培育创业思维意识，推动学生双创能力培养。

用努力去强化人生砝码

看着自己手中的国家实用新型专利证书，包叶同学很庆幸自己当初在学校培养过程中，找到了自己的坐标轴，确定了发展目标，这样才有了自己的价值实现。

新起点，新动力。因为社会对于职业教育存在的一些误解，往往把中考后进入职业学校看成是一种"失利"，似乎就不能成才了。他最初也是抱着这样的心态进入了无锡机电高职，一度在自我否定中彷徨徘徊，迷失了方向，班主任关于"职业教育培养高素质劳动者和技能型人才"的介绍，也没能让他认同自己的职校生身份。转机出现在进校第二个月学校组织的年度技能节活动上，专业讲座、实验实训室参观、专业技能活动观摩，仿佛打开了新世界的大门，他真真切切地感受到，学校并非碌碌无为之所，这里有太多的知识和技能等着自己去汲取。优秀不是天生的，大家在相同的起跑线上，只要坚定地沿着自己的坐标轴前进，掌握一技之长，一定可以体现自己的价值。不同于普通中学里升学压力下的紧张课业，职业学校有了更多空余的自学时间，不限专业的选修课、不限形式的社团活动，丰富了校园生活，在更多的实践机会中他具备了分析问题解决问题的能力。

学有得，学有成。随着自己参加的不同类别课堂活动越来越多，包叶的知识面越拓越宽，将兴趣演变为全身心投入的热爱。每天都在学习新知识，掌握新技能，生活充实，收获不断。课程实习之外，在学校技能工作室他获得了更多操作训练的机会，空余时间全都投身在教师分配的项目中，设计、拆装、检修、调试、排除故障，争分夺秒地去分析、解决问题，实践经验迅速积累；随后在集训队里感受了拼尽全力的紧张训练，体力和心理素质都得到了锻炼。在校期间大大小小比赛无数，稳扎稳打的前进，一路披荆斩棘，拿下了国赛一等奖，带着这份经历，包叶顺利抓住了升学机会，圆了自己的大学本科梦。

梦无限，行更远。从最初对职业学校的误解，到现在大方地和校友分享在校经历如何为自己现在的工作、学习奠定了扎实的基础，包叶不仅认可了自己的职校经历而且感恩于斯。得益于在校期间的良好积淀，如今在无锡统力电工有限公司运营部技术设计科员岗位上，面对绕组线产品的研发和复杂的产品参数，他表现出比同龄人更成熟的学习方式、更自信的做事风格。在这个技术日新月异、设备不断变化发展的行业中，只靠学到的知识是无法适应工作的，学校里养成的学习习惯使包叶自觉在出差培训、行业展览中抓住各种机会学习，在单位里通过实操练习掌握新技术。在公司的支持下，他参与新产品的研发试制，并且不断向专家和工程师学习请教，直到把自己不明白的地方弄懂，最终和同事一起反复验证成功，顺利地申请并获得了国家专利授权。凭借这份学无止境的热情，相信他的职业生涯会更加精彩。